Die

Eisenbahn-Transportsteuer.

Die

Eisenbahn-Transportsteuer

und ihre

Stellung im Staatshaushalte.

Von

Sigmund Sonnenschein,
Ministerial-Vicesekretär im k. k. Eisenbahnministerium.

Berlin.
Verlag von Julius Springer.
1897.

ISBN-13: 978-3-642-94107-8 e-ISBN-13: 978-3-642-94507-6
DOI: 10.1007/978-3-642-94507-6

Softcover reprint of the hardcover 1st edition 1897

Vorwort.

Die Aufgabe, welche ich durch die vorliegende Arbeit zu lösen versucht habe, zerfällt in zwei Theile. Einerseits erschien es mir von Interesse, die Besteuerung des Eisenbahnverkehres in ihren Beziehungen zu den Verkehrssteuern einer systematischen Behandlung zu unterziehen, die meines Wissens auch in den neueren Werken der Finanzwissenschaft fehlt, während der zweite Theil meiner Arbeit die besondere Funktion ins Auge fasst, welche die Eisenbahntransportsteuer, auch Eisenbahnsteuer genannt, vom Standpunkte der modernen Eisenbahnfinanzpolitik im Staatsbahnsysteme zu erfüllen berufen ist.

Eine Klarstellung dieser Frage ist auch im Interesse des Staatsbahnprincipes geboten, dessen finanzieller Einfluss auf den Staatshaushalt in Zukunft ohne Zweifel mehr als bisher in den Vordergrund treten wird.

Zu dieser Erwägung gelangt man nicht nur angesichts der Stellung, welche die Staatsbahnen schon jetzt im Staatshaushalte mancher Länder einnehmen, sondern auch durch die Erkenntniss, dass die Entwicklung der Volkswirthschaft ihren finanziellen Ausdruck vor allem in den Verkehrsmitteln findet, so zwar, dass die Eisenbahnen berufen erscheinen, zu den Bedürfnissen des Staates in hervorragendem Masse beizutragen. Diese Erkenntniss wird dem Staatsbahnprinzipe auch dort zur Anerkennung verhelfen, wo bisher versucht worden ist, im Wege einer entsprechenden gesetzlichen Einflussnahme auf die Privatbahnen einen Ersatz für das Staatsbahnwesen zu finden. Durch das Hervortreten der finanziellen Seite des Staatsbahnwesens ist seiner weiteren Entwicklung eine neue aber bestimmte Richtung gegeben, welche auch den Ausgangspunkt für die vorliegende Studie bildet.

Es sei mir noch die Bitte gestattet, die nachfolgenden Ausführungen lediglich als meine persönliche Ansicht betrachten zu wollen, welche keinen weiteren Anspruch erhebt, als den sie vermöge ihres theoretischen Charakters erheben darf.

Wien, Oktober 1896.

Der Verfasser.

Inhalts-Verzeichniss.

	Seite
Vorwort	V
Einleitung	1
Erster Abschnitt: Die Eisenbahn-Transportsteuer	13
Zweiter Abschnitt: Gesetzgebung	22
Frankreich	22
England	42
Italien	58
Russland	64
Ungarn	67
Oesterreich	78
Deutschland	89
Spanien	95
Niederlande	96
Rumänien	96
Serbien	96
Bulgarien	96
Dritter Abschnitt: Die Stellung der Transportsteuer im Staatsbahnsysteme	97

Einleitung.

Lorenz v. Stein, der die Lehre von den „Verkehrssteuern“ in die Finanzwissenschaft eingeführt hat, theilt diese in drei grosse Gebiete ein, und zwar unterscheidet er: Die Besteuerung des Geldverkehres, die Besteuerung aller Uebertragung von Immobilien und endlich die Besteuerung der Transportbewegungen für Güter und Personen, „welche theils in der Besteuerung der Fahrkarten, theils in derjenigen der Frachtbriefe (durch Stempel) stattfindet“. Die formale Definition für die „Verkehrssteuern“ ergiebt sich nach Stein daraus, dass die Gewerbesteuer zu ihrem Objekte die Produktion einer Unternehmung als Ganzes im Auge hat, während da, wo ein einzelner Verkehrsakt zum Gegenstande der Besteuerung wird, die Verkehrssteuer entsteht. „Man kann nicht bestreiten,“ führt Stein weiter aus, „dass man auch den einzelnen Verkehrsakt als eine Steuerquelle ansehen und daher mit einer eigenen Steuer belegen kann. Allein es ist nicht minder klar, dass eben jener Erwerb den die Verkehrsakte bringen, gerade durch die verschiedenen Formen der Erwerbsteuer bereits so weit als möglich genau berechnet und demgemäss auch besteuert wird. Jede Verkehrssteuer ist daher für jeden Erwerb eine Doppelbesteuerung. Demgemäss müssen wir bei dem Satze bleiben, dass es unmöglich ist, die allgemeine Verkehrssteuer — natürlich in ihrer strengen Unterscheidung von den Verkehrsgebühren aller Art — jemals rationell zu begründen. Die Verkehrssteuer kann neben einer Erwerb- und neben einer Einkommensteuer niemals durch die Wissenschaft, sondern nur durch das Bedürfniss des Staates und, aber nur zum Theile, durch die Leichtigkeit, mit der sie getragen wird, erklärt werden.“[1])

Diese Auffassung Stein's ist in den späteren Untersuchungen über die Verkehrssteuern auf ernstlichen Widerspruch gestossen, namentlich bei Adolf Wagner, der übrigens anerkennt, dass Stein's Auffassung den Ausgangspunkt für die neue, tiefere und klarere Behandlung der Verkehrssteuern gebildet hat.

Wagner[2]) erblickt die allgemeine Begründung der Verkehrssteuern darin, dass man diese Steuern als richtige Konsequenzen aus den obersten volkswirthschaftlichen und Gerechtigkeitsprinzipien für die Einrichtung und Vertheilung der Steuern bei einer bestimmten Gestaltung des wirthschaftlichen Verkehres und daraus hervorgehender Gestaltung des individuellen Erwerbes nachweist und sie aus der Beschaffenheit des gesammten Steuersystemes als dessen nothwendige Ergänzungen und Ersatzmittel ableitet.

Die Einwendung Stein's, dass jede Verkehrssteuer eine Doppelbesteuerung nach sich ziehe, wird in zutreffender Weise von Hausmann[3]) widerlegt, welcher sagt: „In Frage kann nicht kommen, ob jeder Verkehrsakt einen „Erwerb“, sondern ein steuerpflichtiges Einkommen abwirft. Dies ist bekanntlich nicht immer der Fall. Da nun diejenigen Verkehrsakte, welche kein steuerpflichtiges Einkommen abwerfen, nicht besteuert werden, diejenigen, welche Verluste verursachen, sogar von dem Gewinne aus anderen Verkehrsakten in Abzug gebracht werden können, kann von einer Doppelbesteuerung nicht die Rede sein.“

Hingegen kann nicht geleugnet werden, dass mancher Verkehrsakt an gewisse Voraussetzungen geknüpft ist, welche eine besondere Besteuerung unter Umständen als gerechtfertigt erscheinen lassen können.

---

[1]) F. W. II, 2, S. 212.

[2]) F. W. II, S. 556.

[3]) Verkehrssteuern, Berlin 1894.

Namentlich wird dies der Fall sein bei einem Steuersysteme, welches die sozialpolitischen Aufgaben des Staates anerkennt und diesen Rechnung zu tragen sucht.

Es giebt bekanntlich zwei Hauptgrundsätze, nach welchen die Staatsbürger sich an der Aufbringung der Staatslasten zu betheiligen haben. Der erste Grundsatz ist die Besteuerung nach der Leistungsfähigkeit des Einzelnen, während der zweite Grundsatz das Interesse, welches die Einzelnen an den Einrichtungen des Staates nehmen, in den Vordergrund stellt. Die deutsche Finanzwissenschaft hat den Grundsatz von Leistung und Gegenleistung als obersten Rechtsgrund für die Steuerpflicht mit Recht verworfen, weil sie dem Staate die Pflicht zuweist, auch denjenigen zu schützen, der den Schutz nicht bezahlen kann. Diese Auffassung kann sich jedoch nicht auf solche Bedürfnisse erstrecken, deren Nichtbefriedigung den Staat nicht aufhebt, so dringend sie auch sein mögen. Hier muss nothwendigerweise das individualisirende Moment in den Vordergrund treten. Das Prinzip des Interesses im Steuersysteme, welchem das Gebührenwesen seine gegenwärtige Ausgestaltung verdankt, ist im Gegensatze zur deutschen Finanzwissenschaft von der französischen Schule seit jeher in den Vordergrund gestellt worden, namentlich durch Leroy Beaulieu[1]), und es erscheint uns nicht zweifelhaft, dass das sozialpolitische Moment in der Steuergesetzgebung, welchem sich heute kein Staat entziehen kann, auch auf die jetzt noch in den deutschen Staaten vorhandene historische Abneigung gegen das Prinzip des Interesses, welche auf die Verfassung des deutschen Zoll- und Handelsvereines, die der Ausbildung der indirekten Steuern überhaupt nicht günstig war, zurückzuführen ist, nicht ohne Einfluss bleiben wird. Die moderne Entwickelung der Volks-

---

[1]) „Der Staat ist der Garant aller Verkehrsvorgänge. Es ist deshalb natürlich und gerecht, dass der Staat von dem Werthbetrage der einzelnen Transaktionen eine Abgabe erhebt, welche einer Versicherungsprämie gleicht. Diese Abgabe ist der Preis für einen geleisteten Dienst, welchen niemand leisten kann als der Staat.“ Traité de la science des finances. Vol. I, chap. XI. 1888.

wirthschaft hat die öffentlichen Funktionen des Staates in einer derartigen Weise, und was das Eisenbahnwesen betrifft, in einem früher kaum geahnten Umfange erweitert, dass es die Aufgabe der Finanzwissenschaft ist, der Stellung des Staates zu den Eisenbahnen und den aus dieser Beziehung sich ergebenden Finanzverhältnissen näher zu treten. Eine solche Untersuchung wird nothwendigerweise auch zu dem Ergebnisse führen müssen, dass die strenge Scheidung der Gebühren von den Einnahmen aus öffentlichen Staatsanstalten sich nicht aufrecht erhalten lässt, wenn die öffentliche Thätigkeit bei diesen Anstalten nicht nur von Beamten des Staates ausgeübt wird, sondern auch namhafte finanzielle Opfer im Gefolge haben kann. „Wer Steuern aus seinem Vermögen für das gemeine Interesse zur Verfügung stellt, will mit Recht, dass diese Steuern auch wirklich zum allgemeinen Besten verwendet werden, nicht aber zur Deckung von Kosten, welche das spezielle Interesse Einzelner veranlasst hat, mit anderen Worten, es ist eine Forderung der Gerechtigkeit, dass vor der gemeinsamen Uebernahme des für die Verwirklichung des allgemeinen Besten anwachsenden Aufwandes derjenige Theil des Staatsaufwandes ausgeschieden und in der Form von Gebühren denjenigen zur Bestreitung zugewiesen werde, welche nachweisbar in Bethätigung ihres Privatinteresses Leistungen des Staates in besonderem Masse in Anspruch nahmen oder veranlassten“[1]).

Die jüngsten Versuche der Gesetzgebung auf dem Gebiete der Verkehrssteuern setzen sich noch über diese Erwägungen hinweg und werden „vorwiegend aus dem Bestreben erklärt, neben dem Immobiliarverkehr, um dem Bedürfnisse der ausgleichenden Gerechtigkeit einigermassen zu entsprechen, auch den Verkehr mit beweglichen Werthen zu besteuern“ (Eheberg). Dieser Art der Begründung, welche auch dem Gesetzentwurfe vom Jahre 1893 über die Frachtbriefsteuer in Deutschland zur Grundlage diente, kann wissenschaftlich kein besonderer Werth

---

[1]) Schall, Die Gebühren, in Schönberg's Polit. Oekonomie III, S. 99 ff.

beigemessen werden. Sie hat sich aber auch praktisch nicht als glücklich erwiesen weil die Gegner in derselben nur einen Vorwand erblickten, um auch gegen die Belastung des Immobiliarverkehres aufzutreten.

Während Stein die Transportsteuer als die erste Kategorie der Verkehrssteuern hinstellte, ist dieselbe in den späteren Untersuchungen über die Verkehrssteuern[1]) mehr in den Hintergrund getreten, was wohl darauf zurückzuführen ist, dass ihre Subsumption unter den Begriff der Verkehrssteuern die theoretische Begründung der letzteren erschwerte. So sagt Lehr[2]) in seiner Darstellung der Verkehrssteuern, „dass zu denselben auch wohl die Transportsteuern gehören, für welche freilich die Bezeichnung „Verkehrssteuern“ recht nahe liegt, die aber meist mehr als Aufwandsteuern oder als Gewerbesteuer zu betrachten sind.“ Noch weiter geht Hausmann,[3]) der in seiner sonst sehr gründlichen Darstellung der Verkehrssteuern die Transportsteuer überhaupt nicht erwähnt. Er ist jedoch mit Friedberg[4]) der Ansicht, dass das Wort „Verkehr“ ein vieldeutiges ist und dass deshalb die Bezeichnung „Verkehrssteuer“ keine sehr glücklich gewählte sei. Es werde nämlich durch diese Bezeichnung im grossen Publikum die Vorstellung erweckt, als handle es sich bei den Verkehrssteuern in erster Reihe um eine auf die freie Circulation der Güter und Personen zu legende Steuer, und diese Vorstellung wirke ungünstig auf eine Reformirung der Stempelsteuer.

Roscher[5]) ist wieder der Ansicht, dass die Einbeziehung mancher Steuern, so z. B. der Erbschaftssteuer, unter die Verkehrssteuern dem Worte „Verkehr“ (fortgesetzte Verbindung durch Austausch von Leistungen) Gewalt anthue.

---

[1]) Schäffle, Die Grundsätze der Steuerpolitik 1880, S. 454. ff. — Schall, Verkehrs- und Erbschaftssteuer in Schönberg's Handbuch III, S. 493 ff. — v. Bilinski, Vermögens- und Verkehrssteuern im Steuersysteme. Hirth's Annalen 1876.

[2]) Handbuch der Staatswissenschaft, S. 433. Jena 1894.

[3]) a. a. O.

[4]) Hildebrand's Jahrbuch XXXI, S. 87 ff.

[5]) F. W. S. 477.

Diesen Bedenken ist bisher insoweit Rechnung getragen worden, als die schon von Stein angeregte Abtrennung der Rechts- und Verwaltungsgebühren von den Verkehrssteuern immerhin eine theoretische Scheidung herbeiführte, welche die wissenschaftliche Behandlung der letzteren erleichtert und die Einbeziehung der Transportsteuer unter die Verkehrssteuern als gerechtfertigt erscheinen lässt, ohne ihr aber noch diejenige Stellung einzuräumen, welche derselben vermöge ihrer Beziehungen zum Eisenbahnverkehre naturgemäss auf die Dauer nicht vorenthalten bleiben kann. Dass dies bisher nicht der Fall ist, dürfte auf die unklare Auffassung zurückzuführen sein, welche jetzt noch über das Wesen der Transportsteuern besteht und die nur vereinzelt auf die grosse Umwälzung Rücksicht nimmt, welche das Eisenbahnwesen im Transportverkehre, sowie im Staatshaushalte hervorgerufen hat.

Nach Schall[1]) bilden dle Steuern vom Transportverkehre eine eigenthümliche Form der Belastung des beweglichen Vermögens. Da bei fortschreitender Arbeitstheilung „an die Stelle der Eigengewinnung der Güter die verkehrsmässige Gewinnung der Güter" (Wagner) tritt, infolgedessen immer mehr alle wirthschaftlichen Güter als Waaren in Umlauf kommen und hierbei der Ortsveränderung durch den Transport bedürfen, so würde nach seiner Ansicht eine allgemeine Transportbesteuerung dem volkswirthschaftlichen Prinzipe möglichster Vertheilung der Steuerlast auf alle Bestandtheile des Volksvermögens, wenigstens für die beweglichen unter ihnen, am meisten entsprechen, wenn nicht die Ausführung einer solchen zugleich auch den übrigen Prinzipien der Besteuerung entsprechenden allgemeinen Transportsteuer unüberwindlichen Schwierigkeiten begegnen würde. Diese Schwierigkeiten erblickt Schall einerseits in der steuertechnischen Schwierigkeit der Erfassung des gesammten Waarenverkehrs an sich, dann aber insbesondere in der Schwierigkeit einer Erfassung desselben mit einer nach dem Masse der jeder Waarengattung zukommenden Leistungsfähig-

[1]) Schönberg's Handbuch III, S. 517 ff.

keit entsprechend abgestuften und verschieden tarifirten Transportverkehrssteuer. So weit diese Aufgaben aber überhaupt steuertechnisch lösbar sind, ist Schall der Ansicht, dass dieselben durch die übrigen Steuern thatsächlich bereits gelöst erscheinen, so für den Transport ausländischer Produkte durch die Zölle, für den binnenländischen Verkehr mit einheimischen Erzeugnissen durch die sonstigen Aufwandsteuern, sei es während des Transportes mit Versand-, Einlage-, Thorsteuern, Uebergangssteuern. Denselben Gedankengang findet man in der Darstellung Heckel's[1]). An und für sich, sagt er, sind allgemeine Transportsteuern zur möglichst gleichmässigen Vertheilung der Steuerlast auf alle Bestandtheile des privatwirthschaftlichen Vermögens gerechtfertigt. Die Durchführung einer derartigen alle Typen des Volksvermögens oder mindestens die beweglichen unter ihnen erfassenden Auflage stösst jedoch auf eine Reihe zum Theile unüberwindlicher Schwierigkeiten. Um das Problem überhaupt zu fassen, wäre man genöthigt, den Geltungsbereich einzuschränken und nur den möglichst leicht erkennbaren und erfassbaren Theil des Transportverkehres einzubeziehen.

Auf diese allgemeinen Bemerkungen beschränken sich Schall und Heckel, ohne dem spezifischen Charakter der Besteuerung des Eisenbahnverkehres näher zu treten, ja Schall, welcher ebenso wie Heckel die Transportsteuer nicht im Principe verwirft, sondern nur ihre Durchführung für schwierig hält, verliert das Wesen der Eisenbahnverkehrssteuer ganz aus dem Auge, wenn er diese Art der Besteuerung als eine „Personal- und Kopfsteuer in Verkehrssteuerform“ bezeichnet. Diese Auffassung konnte nur dadurch entstehen, dass man gewohnt war, die Transportsteuer im Eisenbahnverkehre als eine Fortsetzung der seit dem Beginne dieses Jahrhunderts in Frankreich und England für das öffentliche Fuhrwerk eingeführten Transportsteuer zu bezeichnen, welche bestimmt sei, den Entgang an Einnahmen aus den Posten zu ersetzen, während man es that-

[1]) Handwörterbuch der Staatswissenschaften, VI, S. 255 ff.

sächlich mit einer ganz neuen Steuer, einer Steuer sui generis zu thun hat, welche unseres Erachtens nur aus der Natur des Eisenbahnwesens abgeleitet und erklärt werden kann.

Die Frage, ob eine Sonderstellung der Eisenbahnen im Steuersysteme berechtigt ist, muss von zwei verschiedenen Gesichtspunkten beurtheilt werden, je nachdem, ob man eine solche Sonderstellung aus der rechtlichen Natur der Privatbahnen ableiten will, oder ob man die Eisenbahnen als einen Theil der staatlichen Verkehrsanstalten (Staatsbahnen) auffasst.

Die Finanzwissenschaft hat sich bisher nur mit der Stellung der Privatbahnen in ihren Beziehungen zum Steuerwesen beschäftigt. Auch wir werden in der folgenden Darstellung diesen Rahmen nicht überschreiten und erst zum Schlusse die Beziehungen, welche sich zwischen der Transportsteuer und dem Staatsbahnwesen ergeben, ins Auge fassen. Nach einer oft vertretenen Ansicht[1]) würde sich vom theoretischen Standpunkte eine besondere Besteuerung der Eisenbahnen nicht rechtfertigen lassen, während Adolf Wagner zu dem Schlusse gelangt, „dass nach der rechtlichen Stellung der Privatbahnen schon in Betreff ihrer Entstehung eine Sonderstellung derselben im Steuerwesen nicht ungerechtfertigt ist, nach der faktisch mehr oder weniger monopolistischen Stellung im Verkehrsleben ebenso wenig[2]). In der Steuerpraxis werden die Eisenbahnen im Allgemeinen gleich den übrigen zur öffentlichen Rechnungslegung verpflichteten Erwerbsunternehmungen behandelt, wiewohl nicht zu leugnen ist, dass die Eisenbahnen im Hinblicke auf den ihnen eigenthümlichen monopolartigen Charakter in ihren Erwerbsbedingungen sich grundsätzlich von der Mehrzahl der zur öffentlichen Rechnungslegung verpflichteten Unternehmungen unterscheiden.

Der monopolartige Erwerbscharakter der Eisenbahnen drückt sich vor Allem darin aus, dass bei ihnen das Unternehmerrisico wesentlich beschränkt ist und dass die im gesammt-

[1]) Paul Krause im Handbuche der Staatswissenschaften von Conrad und Lexis. Jena 1892. III.

[2]) F. W. III, S. 575 ff.

staatlichen Interesse gebrachten Opfer den Eisenbahnunternehmungen in hervorragendem Masse zu Statten kommen.

Während mit der fortschreitenden Entwickelung der wirthschaftlichen Verhältnisse die Erwerbsbedingungen vielfach beeinträchtigt werden, müssen sich die Erwerbsbedingungen der Eisenbahnen mit jedem neuen Zuwachs des Eisenbahnnetzes verbessern. Es sind dies dieselben Erwägungen, welche zum Staatsbahnprinzipe geführt haben, „weil das Eisenbahnwesen den wichtigsten Fall auf dem Gebiete der materiellen Produktion bildet, wo der Staat passend und erfolgreich das privatwirthschaftliche System einengen kann.“ (Wagner.)

Dessenungeachtet fehlt es nicht an Stimmen, die meinen, dass sich eine besondere Besteuerung der Eisenbahnen nicht rechtfertigen lasse, ja dass ihr Charakter der Gemeinnützigkeit eher eine Begünstigung in der Besteuerung zur Folge haben müsse. Thatsächlich hat diese Auffassung, wenn auch nur vereinzelt, Geltung erlangt, indem den Eisenbahnen bei der Konzessionirung bedeutende Steuerbegünstigungen eingeräumt werden, eine Praxis, welche konsequenterweise zu einer progressiven Ertragssteuer für diejenigen Unternehmungen führen müsste, welche nach Ablauf der ihnen gewährten Steuerbegünstigungen eine mehr als landesübliche Verzinsung aufzuweisen haben.

Eine besondere direkte Steuer der Eisenbahnen finden wir nur in Preussen und in einigen kleineren deutschen Staaten[1]).

Das preussische Gesetz vom 3. November 1838 über die Eisenbahnunternehmungen bestimmte im § 38, dass von den Eisenbahnen „eine im Verhältnisse des auf das Aktienkapital treffenden Ertrages sich abstufende Abgabe“ entrichtet werde, dass die Höhe dieser Abgabe aber erst dann regulirt werden solle, wenn die zweite in Preussen konzessionirte Eisenbahn drei Jahre in vollständigem Betriebe gewesen sei. Bis zu dieser gesetzlichen Regelung sollte die Post für den Verlust, welchen sie durch die Eisenbahnen in ihrer Einnahme erweislich erleide, von den Eisenbahngesellschaften entschädigt werden.

---

[1]) Sachsen-Meiningen, Sachsen-Weimar, Sachsen-Altenburg.

Der Ertrag der Abgabe sollte nach § 39 „zu keinen anderen Zwecken als zur Entschädigung der Staatskasse für die ihr durch die Eisenbahnen entzogenen Einnahmen und zur Amortisation des in dem Unternehmen angelegten Kapitales verwendet werden“.

Die geplante Abgabe hatte im Wesentlichen einen gebührenartigen Charakter. Der Staat sollte durch eine Gebühr entschädigt werden für den vermeintlichen Verlust anderer Einnahmen und für die zeitliche Aufgebung des Rechtes, örtlich bestimmte Eisenbahnen selbst herzustellen und zu betreiben.

Eine Regelung der Abgabenpflicht erfolgte erst durch das Gesetz vom 30. Mai 1853, betreffend die von den Eisenbahnen zu entrichtenden Abgaben. In der Begründung des Gesetzentwurfes wurde anerkannt, dass nach den gemachten Erfahrungen die Post einen nachweisbaren Verlust durch die Eisenbahnen nicht erlitten habe und nicht erleide. Als wesentlicher Zweck der Abgabe wurde nunmehr nur noch die Amortisation des in den Bahnen angelegten Kapitales, d. h. die Erwerbung der Eisenbahnen durch den Staat hervorgehoben. Die letztere Bestimmung ist durch das Gesetz vom 20. Mai 1859 aufgehoben worden.

Hiermit verschwand der gebührenartige Charakter der Eisenbahnabgabe, welche sich nunmehr als eine besonders geartete Einkommensteuer — Wagner bezeichnet sie als eine aparte Ertragssteuer — darstellt.

Nach dem preussischen Gewerbesteuergesetze von 1891 ist der Betrieb der Eisenbahnen, welche der Eisenbahnabgabe unterliegen, der Gewerbesteuer nicht unterworfen, während nach dem preussischen Einkommensteuergesetze von 1891 Privatbahngesellschaften der Einkommensteuer in Zukunft unterliegen[1]).

---

[1]) Nach diesem Einkommensteuergesetze werden versteuert die Dividenden, zuzüglich der zur Tilgung der Schulden oder des Grundkapitales, sowie zur Bildung der Reservefonds verwendeten Beträge, jedoch nach Abzug von $3\frac{1}{2}$ Prozent des eingezahlten Aktienkapitales. Hiernach stellt sich die Einkommensteuer erheblich geringer als die Eisenbahnabgabe.

Die Abgabe ist von dem Reinertrage (nach Abzug der Anleihezinsen) zu entrichten, wobei Prioritätsaktien den Anleihen gleichgestellt werden. Das Verhältniss des Reinertrages zum Aktienkapitale bestimmt die Höhe der Abgabe.

Dieselbe beträgt bei einem Reinertrage bis zu einschliesslich 4 Prozent des Aktienkapitales $^1/_{40}$ dieses Ertrages, bei einem höheren Reinertrage aber ausserdem, und zwar von dem Mehrertrage über 4 bis zu 5 Prozent einschliesslich $^1/_{20}$ dieser Ertragsquote, von dem Mehrertrage über 5 bis 6 Prozent einschliesslich $^1/_{10}$ dieser Ertragsquote, von dem Mehrertrage über 6 Prozent $^2/_{10}$ dieser Ertragsquote.

Ein Versuch, den Privatbahnen eine Sonderstellung im Steuersysteme einzuräumen, wurde auch in Oesterreich unternommen, als im Laufe der Debatte über die Steuerreform der Abgeordnete Dr. Steinwender am 23. April 1895 den Antrag stellte[1]): bei Eisenbahndividenden für jenen Theil, der über 6 Prozent hinausgeht, die Eisenbahnsteuer, wie sie in Preussen besteht, einzuführen. Aus der Begründung dieses Antrages ist hervorzuheben: Der Staat nimmt durch eine solche höhere Steuer einen Theil jenes Mehrerträgnisses an sich, der sonst den Eisenbahnen durch die allgemeinen Verhältnisse und durch die speziellen staatlichen Institutionen, zum Beispiel durch die Lokalbahnen zugewendet wird; ferner; der Staat nimmt einen Theil von dem Erträgnisse der Funktion an sich, die er an die Privatgesellschaften übertragen hat. Auf die theoretischen Gründe, führte der Antragsteller aus, komme es aber weniger an, denn wenn wir uns erinnern, wie die Eisenbahnen mit Oesterreich verfahren sind, so haben wir wirklich keinen Grund, schüchtern zu sein.

Der Antrag Steinwender's hat die nöthige Unterstützung nicht gefunden, wiewohl in der österreichischen Steuerreform die differentielle Besteuerung einzelner Gruppen von Unternehmungen durchgeführt ist.

Die Eisenbahnen sind wieder den Aktiengesellschaften

[1]) Verhandlungen des Abgeordnetenhauses, XI. Session, S. 18229.

gleichgestellt worden, für welche allerdings eine Superdividendensteuer eingeführt wird, die bei einer 10 Prozent des Aktienkapitales übersteigenden Dividende 2 Prozent und für die 15 Prozent übersteigende Dividende 4 Prozent beträgt.

Nachdem auch die preussische Eisenbahnabgabe ihren ursprünglich gebührenartigen Charakter verlor, hat man es in diesem Falle, sowie bei den Reformbestrebungen in Oesterreich nur mit einer besonderen Ertragssteuer zu thun.

In den meisten Staaten werden die Eisenbahnen aber im Unterschiede von anderen Unternehmungen zu einer besonderen nicht zu einer der grossen Steuergruppen gehörenden Staatssteuer herangezogen, welche man als Transportsteuer oder Eisenbahnsteuer bezeichnet und deren systematische Darstellung wir uns zur Aufgabe gesetzt haben.

Erster Abschnitt.

Die Eisenbahn-Transportsteuer.

Der Gedanke, eine Abgabe auf den Transport zu legen, ist ziemlich alt. Seit 1666 wurde in Holland ein 25prozentiger Zuschlag zu allen Passagierpreisen eingehoben. Später folgten andere Staaten, welche das öffentliche Fuhrwerk mit Abgaben belegten. Allein erst mit der Erbauung der Eisenbahnen hat der Gedanke einer Transportbesteuerung eine grössere Bedeutung erlangt.

„Nichts ist leichter," sagt Leroy Beaulieu, „als die Plätze der Reisenden oder die Beförderung der Waaren mit einer Steuer von 5, 10 oder selbst 20 Prozent zu belegen. Sind doch die Mittel zur Einhebung sehr einfach, der Staat braucht keine Spesen zu machen, bedarf keines Personales, kein Material zu beschaffen oder in Stand zu halten. Die Eisenbahngesellschaften sind die natürlichen Vermittler, unentgeltlich und ehrlich dabei. Dank der den Aktiengesellschaften obliegenden öffentlichen Rechnungslegung ist eine Steuerumgehung fast unmöglich[1])."

Für die Einführung der Transportsteuer im Eisenbahnverkehre waren jedoch diese Erwägungen nicht massgebend, sondern sie ist einfach in Anknüpfung an die frühere Besteuerung des öffentlichen Fuhrwerkes beim Entstehen der Eisenbahnen auf diese übertragen worden. Dies war in Frankreich und England der Fall, in welchen Staaten sich die Anwendung der Transportsteuer auf den Eisenbahnverkehr „als eine historisch begründete Nothwendigkeit" ergab. Nach einem neuen Plan ist dann die Einführung der Transportsteuer in Italien, Russland, Spanien und Ungarn erfolgt, wenngleich

[1]) Traité de la Science des finances I, S. 567 ff.

die ursprüngliche Erhebungsform auch hier beibehalten wurde. Hiernach stellt sich die Transportsteuer als ein Zuschlag zu den Beförderungspreisen dar, und lehnt sich an letztere proportional an. Die Bemessungsgrundlage der Eisenbahntransportsteuer bildet nicht wie bei den Verkehrssteuern im Allgemeinen die Werthsumme der in Verkehr gesetzten Gegenstände, sondern der Beförderungspreis. In dieser Erhebungsform scheint uns eines der steuerpolitisch entscheidenden Merkmale der Eisenbahntransportsteuer zu liegen. Ein anderes ebenso charakteristisches Merkmal der Steuer ergiebt sich aus ihrer speziellen Beziehung zum Eisenbahnwesen, weshalb sie auch kurzweg „Eisenbahnsteuer“ genannt wird.

Worin ist aber diese spezielle Beziehung der Transportsteuer zum Eisenbahnwesen begründet?

Nach einem fast allgemein anerkannten Grundsatze ist das Eisenbahnwesen berufen, in besonderer Weise zu den Bedürfnissen des Staates beizutragen. Diesen Gedanken finden wir schon bei Parieu ausgedrückt, welcher sagt: „Ist es denn nicht gerecht, dass der Staat, der so schwere Pflichten für die Schienenwege auf sich genommen, auch eine mässige Gebühr von denjenigen erhebe, die sich derselben bedienen, um für die schweren Pflichten gewissermassen ein kleines Entgelt zu haben[1])?“

Diese Begründung bewegt sich, wie man zugeben muss, nicht im Rahmen einer allgemeinen Transportsteuer, sondern weist mit Bestimmtheit auf eine Eisenbahnsteuer hin.

Nur indem Leroy Beaulieu sich über diesen das Wesen der Eisenbahntransportsteuer scharf erfassenden Gedanken ganz hinwegsetzt und in dieser Steuer nichts anderes als eine Fortsetzung der früheren Steuer vom öffentlichen Fuhrwerk erblickt, konnte er zu einer Verwerfung des Prinzips der Eisenbahnsteuer gelangen, „weil diese nicht in gleicher Weise den Verkehr der Landstrasse und der Kanäle treffe“[2]).

---

[1]) Traité des impots, Paris 1864.

[2]) Siehe auch Mariska's Handbuch der Staatswirthschaftslehre. Budapest II, 1885. „Es ist eine Inkonsequenz, den Eisenbahntransport zu besteuern, denjenigen per Achse dagegen nicht.“

Die deutsche Finanzwissenschaft hat der historischen Auffassung der Transportsteuer keine grössere Beachtung geschenkt, sondern die Stellung derselben im Steuersysteme mehr nach ihrer Wirkung beziehungsweise nach den Ueberwälzungsverhältnissen zu erfassen gesucht. In diesem Sinne wird die Transportsteuer von Schäffle und Eheberg als eine Abgabe vom Gebrauch bezeichnet, während Kaufmann die von Bilinski aufgestellte Theorie der Luxussteuern auch für die Transportsteuer im Eisenbahnverkehr in Anspruch nimmt. Roscher hält es für zweifelhaft, ob man die Transportsteuer zu den Gewerbe- oder zu den Verkehrssteuern rechnen soll, während Wagner der Ansicht ist, dass der wirkliche steuerpolitische Charakter der Steuer mit nach der Antwort auf die schwer zu entscheidende Frage zu bestimmen sei, welche Rückwirkung eine solche Steuer auf Verkehr, Tarife, Reinerträge hat.

Auch Cohn, gegenwärtig einer der vornehmsten Vertreter des Prinzipes der Transportsteuer, hat noch in seinen Untersuchungen über die englische Eisenbahnpolitik den ertragssteuerartigen Charakter der englischen Passagiersteuer betont. Es sei unrichtig, sagte er, die Transportsteuer als eine Steuer auf die Beförderung zu bezeichnen, denn sie sei eine Steuer auf den Gewinn vom Eisenbahnmonopol[1]).

Welches ist nun der eigentliche Sinn der Eisenbahntransportsteuer?

Diese Steuer ist ihrem ganzen Wesen nach zu den Verkehrssteuern zu rechnen, in deren System sie vermöge der ihr eigenthümlichen Erhebungsform eine ganz bestimmte Stellung einnimmt. Das Prinzip der Steuer ist nicht nur eine Frage der Steuerpolitik, sondern dasselbe greift, wie wir später noch ausführen werden, in ein wichtiges Gebiet der Verwaltung ein,

---

[1]) In der Begründung mit welcher die ungarische Regierung den vom internationalen Standpunkt gegen die Transportsteuer im Donauverkehre erhobenen Einwendungen entgegentrat, wurde gesagt, „dass nicht die Waare, sondern die Gebührenberechnung und der nach derselben entfallende Gewinn bei Anwendung der Dampfkraft als Betriebsmotor besteuert werde.“

weshalb jede Begründung der Eisenbahntransportsteuer zu ihrem Ausgangspunkte die besondere Stellung nehmen muss, welche das Eisenbahnwesen im Staatshaushalte einnimmt. So wichtig die Ueberwälzungsverhältnisse für ein richtiges Ausmass in der Höhe der Steuer sein mögen, so tritt die Bedeutung dieser Verhältnisse, wenn man den steuerpolitischen Charakter der Eisenbahntransportsteuer richtig erfassen will, zurück vor der Thatsache, dass man es mit einer Steuer vom Eisenbahnverkehr schlechtweg zu thun hat, dazu bestimmt, den Staat für die im Interesse des Eisenbahnwesens — welches in jedem Staate nur als ein einheitliches Ganzes gedacht werden kann — gebrachten Opfer zu entschädigen.

Der Berechtigung einer Sonderstellung der Eisenbahnen im Steuerwesen im Sinne des Gedankenganges von Parieu, hat, wie schon früher ausgeführt wurde, auch Ad. Wagner anerkannt, der aber nur eine besondere Ertragsbesteuerung der Bahnen billigen zu können glaubt. Es kann jedoch nicht geleugnet werden, dass eine besondere Ertragsbesteuerung niemals die der Eisenbahntransportsteuer eigenthümliche Funktion zu erfüllen vermag, abgesehen davon, dass die im Rahmen des Ertragssteuersystems bewirkte Sonderstellung des Eisenbahnwesens das reine Privatbahnsystem voraussetzt, also ein System, wo das Aktivsteuersubjekt nicht zugleich auch Unternehmer des Eisenbahnbetriebes ist. Nachdem aber gegenwärtig in vielen Staaten das gemischte System vorherrscht, kann eine grundsätzliche Lösung der Frage, wie der Eisenbahnverkehr am zweckmässigsten zu den Einnahmen des Staates herangezogen werden könnte, nur durch die Eisenbahntransportsteuer gelöst werden.

Man unterscheidet zwei Arten von Transportsteuern:

1. eine Transportsteuer, welche als Stempelabgabe von Urkunden, und zwar von Transportbegleitpapieren, Frachtbriefen, Aufgabsrecepissen etc. eingehoben wird.

2. eine Transportsteuer (Eisenbahnsteuer), welche als Zuschlag zu den Beförderungspreisen eingehoben wird und an letztere sich proportional anlehnt.

Bei der ersteren „des Masses und des Verhältnisses zu der im Konsum jeder besonderen Waarengattung geoffenbarten Leistungsfähigkeit“ (Schäffle) entbehrenden Abgabe trifft das zu, was Stein von den Transportsteuern im Allgemeinen sagt: Es lässt sich wissenschaftlich über diese Steuer gar nichts sagen, als dass die Leichtigkeit, den Finanzen eine Einnahme zu erschliessen, jeden rationellen Grund einer solchen Besteuerung ersetzen muss[1]). Kann diese ohne systematischen Plan mit scheinbar gebührenartigem Charakter auftretende Abgabe aber vom theoretischen Standpunkte nicht gebilligt werden, so ist sie auch praktisch nicht leicht zu vertreten. Denn bewegt sich die Stempelabgabe auf einem niedrigen Steuerfusse, so ist sie ohne nennenswerthen finanziellen Erfolg, oder die Abgabe ist höher, dann wirkt sie nicht nur belästigend, sondern direkt schädlich.

Hingegen schmiegt sich die Transportsteuer, welche auch als Eisenbahnsteuer bezeichnet wird, an den Beförderungspreis an, welcher sich bei den Eisenbahnen zum Unterschied von anderen Transportunternehmungen durch eine gewisse Beständigkeit auszeichnet, wirkt nicht anders als eine Erhöhung des Tarifes und bildet schliesslich einen Antheil des Staates an der Bruttoeinnahme aus dem Eisenbahnverkehr. Gleichwohl sind die Vorstellungen, welche man gewöhnlich mit der Eisenbahnsteuer verknüpft, verschieden von denjenigen einer Tariferhöhung.

Gegen die Einführung einer Transportsteuer im Eisenbahnverkehre wird in der Regel eingewendet, dass sie eine ungleiche Belastung zur Folge habe, indem sie den Tarif für alle Waaren ohne Rücksicht auf den Werth der beförderten Güter[2]) um einen fixen Procentsatz erhöht. Diese Einwendung widerlegt sich auf den ersten Blick. Die Transportsteuer würde eine ungleiche Belastung involviren, wenn ihre Grundlage eine willkürliche wäre, wie es die fixe Transportsteuer von Ur-

---

[1]) F. W. II_2 S. 215.

[2]) Siehe Leroy Beaulieu a. a. O.

kunden ist. Die Grundlage der Eisenbahntransportsteuer ist aber eine sich systematisch an den Tarif anschmiegende. Geht man von der Annahme aus, dass ein bestimmter Tarif als solcher den bestehenden volkswirthschaftlichen Bedürfnissen entspricht, so wird die Transportsteuer hieran nicht viel ändern. Alle Einwendungen, welche gegen die Transportsteuer erhoben werden, können daher nicht das Prinzip derselben berühren, sondern sie sind gegen das Tarif s y s t e m gerichtet.

Auch die Einwendung, wonach die Transportsteuer eine ungleiche Belastung zur Folge haben müsse, wenn beim Bestande des gemischten Systems die Tarife untereinander schon jetzt wesentlich differiren, trifft nicht zu, nachdem ja durch die Transportsteuer das differentielle Verhältniss nicht verschoben wird.

So wenig sich daher in der Theorie ein bestimmter Tarif für alle Verhältnisse aufstellen lässt, ebensowenig ist die Theorie im Stande, die Transportsteuer im Eisenbahnverkehre, wenn sie das Prinzip derselben einmal als richtig anerkannt hat, zu verwerfen, weil sich vielleicht in der Durchführung Schwierigkeiten ergeben könnten. Ueberdies wird beim Bestande des gemischten Systems die Transportsteuer für die Staatsverwaltung ein Mittel sein, um die von der Industrie mit Recht beklagten Nachtheile, welche aus der Ungleichheit des Tarifs innerhalb eines und desselben Produktionsgebietes herrühren, nach Thunlichkeit zu beseitigen.

Wenn es also feststeht, dass die Transportsteuer ihrem ganzen Wesen nach einen Theil des Tarifes bildet, kann von einer Schädigung der volkswirthschaftlichen Produktion insolange nicht die Rede sein, als der gesammte Beförderungspreis den Bedürfnissen derselben entgegenkommt, und insolange für die Beförderung im Eisenbahnverkehr überhaupt eine Gebühr zur Einhebung gelangt.

Vollständig klar wird aber die Wirkung der Transportsteuer erst dann, wenn man die eigentliche Funktion derselben in ihrem Verhältniss zum Tarif ins Auge fasst.

Hier haben wir zwei Fälle zu unterscheiden.

Entweder wird bei obrigkeitlicher Bestätigung der Tarife

den Eisenbahnen gestattet, ihren bisherigen Tarif um den Transportsteuerzuschlag zu erhöhen — dann ist die Eisenbahnunternehmung in den Stand gesetzt, die Steuer auf das Publikum zu überwälzen, und die Transportsteuer nimmt einen verkehrssteuerartigen Charakter an, oder die Behörde gestattet den Zuschlag nicht, dann hat man es mehr oder weniger mit einer Ertragssteuer zu thun, je nachdem es der Eisenbahnunternehmung mit Rücksicht der Verkehrs- und Konkurrenzverhältnisse wirklich gelingt, die Transportsteuer zu überwälzen.

So lange die Tarife nicht der obrigkeitlichen Bestätigung bedurften, wurde die Transportsteuer in der Regel den Tarifen zugeschlagen und auf das Publikum überwälzt, „ein Fall von der Regel, dass die Steuer von dem Starken auf den Schwachen, so hier von den Eisenbahnen auf das Publikum überwälzt wurde“ (Cohn).

Seitdem aber die Tarife der obrigkeitlichen Bestätigung bedürfen, hat es die Staatsverwaltung als ihre Aufgabe betrachtet, unbeschadet der concessionsmässigen Rechte der Unternehmungen die volkswirthschaftlichen Interessen wahrzunehmen und eine Ueberwälzung zu verhindern, wo sie nicht berechtigt ist.

Bei den für die Ueberwälzung in Betracht kommenden Verhältnissen ist auch zu unterscheiden, ob es sich um den Personen- oder um den Güterverkehr handelt. Beim Personenverkehre wird der verkehrssteuerartige Charakter der Transportsteuer leichter aufrecht zu erhalten sein, als beim Güterverkehr, welcher in erhöhtem Masse der individuellen Behandlung bedarf. Mit einem Worte, der Gütertarif ist viel beweglicher als der Personentarif und der Personenverkehr überhaupt. Es ist bekannt, dass ein bestimmter Theil des Güterverkehrs nur einen ganz bestimmten Tarif verträgt, sowie anderseits die Entwicklung der Tarife reich an Beispielen ist, dass die Eisenbahnen sehr häufig ihre Tarife herabgesetzt haben, ohne hiezu nach der Koncessionsurkunde verpflichtet gewesen zu sein. Insoweit solche Tarifermässigungen auch nach der Einführung der Transportsteuer erfolgen müssen, würde der ertragssteuerartige Charakter der Transportsteuer mehr hervortreten.

In welchem Umfange dies der Fall sein wird, hängt von der Höhe der Transportsteuer ab.

Cohn hat daher Recht, wenn er auf den Widerspruch hinweist, der darin besteht, dass die Eisenbahnverwaltungen die Steuer als eine Steuer auf das Publikum, also mit sehr gemeinnützigen Worten zu bekämpfen pflegen, während diese Auffassung thatsächlich hinfällig wird.

Man würde nicht so lebhaft dagegen ankämpfen, wenn man wirklich bloss für das Publiknm und dessen Steuerbefreiung einträte, wenn man nicht entschlossen wäre, das Fortfallen der Steuer als Zusatz zum Jahresgewinn der Eisenbahnunternehmungen in die Tasche zu stecken.

Ob und in welchem Masse die Voraussetzungen für die Einführung einer Transportsteuer im Eisenbahnverkehre vorhanden sind, hängt sowohl vom Tarifsystem als auch vom Betriebssystem ab.

Wo Staatsbahnen vorherrschen, oder sonst dem Staate ein unbeschränkter Einfluss auf das Tarifsystem zusteht, wird die Einführung der Transportsteuer keinen weiteren Schwierigkeiten begegnen.

Beim Bestande von Privat- und Staatsbahnen wird die Staatsverwaltung, vorausgesetzt, dass die Tarife von Privatbahnen der obrigkeitlichen Bestätigung bedürfen, durch die Transportsteuer eine ausgleichende Wirkung auf die Tarife ausüben können, namentlich dort, wo die Tarife der Privatbahnen niedriger sind als die der Staatsbahnen. Wo sie höher sind, wird mitunter die Konkurrenz der Staatsbahnen ausgleichend wirken können.

In einem Staate, der nur Privatbahnen aufzuweisen hat, werden die Voraussetzungen für die Einführung und für die Höhe der Transportsteuer von dem jeweiligen Umfange der staatlichen Einflussnahme auf die Ueberwälzungsverhältnisse abhängen.

Wenn man die Ueberwälzungsverhältnisse im Personen- und Güterverkehr ins Auge fasst, muss man sich nicht ohne Verwunderung fragen, warum die Finanzwissenschaft mit einer gewissen Vorliebe nur für die Besteuerung des Personenverkehrs eintritt.

Leroy Beaulieu, der die Transportsteuer für Waaren nicht billigt, findet die Besteuerung des Personenverkehrs gerechtfertigt. Er sagt: „Es ist so schwer, ein System von gerechten Steuern, welche leicht einzuheben sind, dabei die Arbeitsfreiheit nicht beeinträchtigen, zusammenzustellen, dass man eine Steuer von 5—10% vom Preise des Platzes des Reisenden entschuldigen kann.“

Schaeffle, welcher die Ansicht vertritt, die Transportsteuer entbehre der Voraussetzung, dass die Eisenbahnbenutzung gleichmässig auf besonderes steuerfähiges Einkommen hinweise, sagt: am ehesten könnten I. und II. Passagierklasse und aller Schnelltransport mit einem Zuschlag tarifirt werden — vorausgesetzt, dass die Frequenz hierdurch nicht leide. Schall hält einen solchen Zuschlag bisweilen vielleicht ganz begründet, ebenso Bilinski, welcher sagt: „Das Coupé I. Klasse auf der Eisenbahn ist für die Mittelklasse ebenso wenig unentbehrlich als die ersten Plätze im Theater. Nichts ist nun leichter, als auch diesen Luxus für die Besteuerung heranzuziehen, indem man den betreffenden Procentualzuschlag durch die Transportunternehmung beim Verkaufe der Karte einkassiren und der Behörde unter Vorlage beglaubigter Ausweise zustellen lässt. Auch Mariska meint, dass höchstens die Besteuerung der I. und II. Klasse einigermassen zu motiviren wäre.

Der innere Widerspruch, an welchem diese Auffassung leidet, ergiebt sich, wie uns scheint, aus dem Prinzip der Transportsteuer von selbst. Es wird aber auch nicht geleugnet werden können, dass die Besteuerung der Waarenumsätze, die jetzt auf der Tagesordnung steht, viel planmässiger im Rahmen der Eisenbahntransportsteuer als auf dem Wege einer besonderen Umsatzsteuer im börsenmässigen Wege zur Durchführung gelangen würde, weil in letzterem Fall ein wichtiges Element der Preisbildung in seinem Lebensnerv getroffen werden kann.

Zweiter Abschnitt.

Gesetzgebung.

Frankreich.

„Die Einführung der Transportsteuer bei den Eisenbahnen in Frankreich bildet ein eigenthümliches Beispiel des Waltens systematischen Sinnes in der französischen Steuergesetzgebung" (Wagner). Die Transportsteuern sind in Frankreich in der Revolutionsära entstanden und hervorgegangen aus den Verhältnissen des öffentlichen Fuhrwerkes. Zur Zeit der Revolution wurde der Personentransport, der bis dahin bald Gegenstand eines Regals, bald eines Privilegiums war, der Régie nationale übertragen. Als dieser Versuch misslang und die Personen- und Packetpost (ferme nationale des Messageries) im Kampfe gegen die Privatunternehmer von Fuhrwerken dem Fiskus nur Schaden zufügte, entschloss man sich, die Messagerien der Privatindustrie zu überlassen, gleichzeitig aber eine Steuer für den Personentransport (l'impôt sur les voitures publiques) einzuführen. „Pour remplir le vide que laissait dans le trésor de l'Etat l'anéantissement des revenus des messageries, et concilier avec cet intérêt celui de la surveillance que le gouvernement doit toujours exercer sur toutes les parties du service public, le corps législatif rendit la loi du 9 vendémiaire an VI."[1]) „Um die Leere auszufüllen, welche dem Staatsschatze durch den Entgang der Einkünfte aus der Verpachtung der Posten erwuchs, und mit diesem Interesse jenes der Oberaufsicht zu verbinden, welche die Regierung über alle Zweige des öffentlichen Dienstes auszuüben hat, schuf der gesetzgebende Körper das Gesetz vom 9. Vendémiaire VI (30. September 1797)."

Gesetz vom 30. September 1797, betreffend die Einführung einer 10procentigen Proportionalabgabe für das öffentliche Fuhrwerk.

---

[1]) D'Agar, Manuel des contributions indirectes 1817.

Durch dieses Gesetz wurde eine Steuer eingeführt, welche theils in einer Proportionalabgabe von 10 Procent des Fahrgeldes für den Personenplatz in Fahrzeugen mit regelmässigem Betriebe, theils in einer festen Abgabe von 20 bis 75 Francs pro Jahr (je nach der Zahl der Wagenplätze) für andere öffentliche, auf direkte Bestellung fahrende Wagen, als Miethwagen, Droschken etc. (voitures publiques) bestand.

In der Begründung zu diesem Gesetze führte der Berichterstatter, M. Crétet, im Conseil des Anciens aus: „Dieses Gesetz sichert dem Staate ein Zehntel von den Einnahmen der Fahrzeuge mit regelmässigem Betriebe, sichert aber auch eine Abgabe (patente) von Gelegenheitsfahrzeugen und solchen, die nach freier Wahl zur Verwendung gelangen. Das Registrirungsamt wird die Einhebung der Abgabe besorgen, die sehr einfach ist und 1 Million Francs pro Jahr ergeben kann, ein annehmbarer Ersatz für die Schädigung, welche der Staat durch die Privatunternehmer erfahren hat.“

Auf die Besetzung der Wagenplätze wurde in der Weise Rücksicht genommen, dass ursprünglich ein Abzug eines Viertels, seit 1819 eines Drittels der Steuer für leere Plätze gestattet war.

Bei denjenigen Wagen, bei welchen die Anzahl der Plätze nicht genau bemessen werden konnte, wurde die Steuer pauschalirt (Abonnement). In dem Gesetze vom Jahre VI war der Waarentransport von der Besteuerung ausgeschlossen. Erst durch das Gesetz vom 5 Ventôse XII (23. Februar 1804) wurde auch der regelmässige Waarenverkehr in die Steuer einbezogen.

Gesetz vom 23. Febr. 1804 womit der Waarenverkehr in die Besteuerung einbezogen wurde.

Die Gesetze vom 30. September 1797 und vom 23. Februar 1804 wurden zusammengefasst in den Artikeln 112 bis 122 des Finanzgesetzes vom 25. März 1817, welche als die eigentliche Grundlage der Transportsteuergesetzgebung in Frankreich anzusehen sind[1]).

Finanzgesetz vom 25. März 1817.

---

[1]) Art. 112. — Le droit du dixième du prix des places et du prix pour le transport des marchandises, auquel sont assujettis les entrepreneurs des voitures publiques de terre et d'eau à service régulier, continuera d'être perçu conformément aux lois en vigueur, sous la déduction, pour les places vides, d'un quart du prix total

des places. Seront considérées comme voitures à service régulier toutes les voitures qui feront le service d'une même route ou d'une ville à une autre, lors même que les jours et heures de départs varieraient.

Art. 113. — Tout entrepreneur de voitures publiques suspendues, ou non suspendues partant d'occasion ou à volonté, sera tenu de payer, chaque année, pour tenir lieu du dixième imposé sur les voitures à service régulier, savoir:

Pour une voiture.

A 2 roues, à 2 places . . .	40 fr.	A 4 roues, à 4 places . . .	80 fr.
— 4 — . . .	70	— 6 — . . .	100
— 6 — . . .	90	— 8 — . . .	130
— 8 — . . .	120	— 9 et au dessus	150
— 9 — . . .	140		

Art. 114. — La remise pour places vides, fixée au quart par l'article 112 cidessus, sera portée à moitié pour les entreprises particulières de voitures à service régulier qui seront chargées du transport des dépêches en vertu de traités avec l'administration des postes.

Art. 115. — Toute entreprise de voitures publiques de terre ou d'eau à service régulier pourra désormais être formée ou continuée, moyennant que l'entrepreneur fasse une déclaration préalable et annuelle et qu'il se munisse d'une licence, dont le prix est fixé à 5 fr. par voiture à 4 roues, et par voiture d'eau, et à 2 fr. par voiture à 2 roues. Les entrepreneurs de voitures partant d'occasion ou à volonté feront la même déclaration, mais sans être tenus au payement de la licence.

Art. 116. — La déclaration énoncera l'espèce et le nombre des voitures, le nombre des places dans chaque voiture, dans l'intérieur et à l'extérieur, et de plus, si l'entreprise est à service régulier, le prix de chaque place, la route que chaque voiture doit parcourir, et les jours et heures des départs.

En cas de variation dans les jours et heures des départs, les entrepreneurs seront admis à rectifier leur déclaration toutes les fois qu'il sera nécessaire.

Si les voitures doivent faire un service d'occasion, les dernières indications cidessus seront remplacées par celles du genre de service auquel elles seront destinées.

Art. 117. — Avant que les voitures ainsi déclarées puissent être mises en circulation, il sera apposé sur chacune d'elles, par les préposés de la régie et après vérification, une estampille dont le coût, fixé à 2 fr., sera remboursé par les entrepreneurs. Il sera également délivré, pour chaque voiture, un laissez-passer conforme à la déclaration, dont les conducteurs devront toujours être porteurs.

Les voitures déclarées ne pourront être changées, ni les estampilles placées sur de nouvelles voitures, sans une déclaration préalable, auquel cas il ne sera point dû de nouvelle licence.

Art. 118. — Le montant des droits dus par les entrepreneurs pour les voitures à service régulier sera établi, pour le dixième du prix des places, d'après la déclaration, et pour le dixième du prix du transport, sur le vu des registres que doivent tenir les entrepreneurs, et des feuilles remises aux conducteurs. Le payement pourra en être exigé tous les dix jours. A l'égard des voitures partant d'occasion ou à volonté, le droit fixe établi par l'article 113 sera exigible par trimestre et d'avance. Il sera toujours dû pour un trimestre entier au moins, à quelque époque que commence ou cesse le service.

Art. 119. — Il pourra être consenti des abonnements pour les voitures de terre ou d'eau à service régulier. Ces abonnements auront pour unique base les recettes présumées de l'entreprise, pour le prix des places et le transport des marchandises.

Art. 120. — Toute voiture publique qui circulerait sans estampille ou sans laissez-passer, ou avec un laissez-passer qui ne serait pas applicable, sera saisie, ainsi que les chevaux et harnais. En cas de saisie de voitures en route, elles pourront continuer leur voyage, au moyen d'une main-levée qui en sera donnée sous suffisante caution, ou même sous la caution juratoire de l'entrepreneur ou du conducteur.

Dans aucun cas, les employés ne pourront arrêter les voitures sur les grandes routes, ailleurs qu'aux entrées et sorties des villes, ou aux relais. En cas de soupçon de fraude, ils ne pourront faire leur vérification qu'à la première halte.

Art. 121. — Les lois et réglements actuellement en vigueur relatifs aux droits sur les voitures publiques, continueront d'être exécutés en ce qui n'est pas contraire aux dispositions de la présente.

Art. 122. — Toute contravention aux dispositions du présent paragraphe, ou à celles des lois et réglements confirmés par l'article précédent, sera punie de la confiscation des objets saisis, et d'une amende de 100 à 1000 fr.; en cas de récidive, l'amende sera toujours de 500 fr. au moins.

Aus den Bestimmungen dieses Gesetzes tritt der gewerbesteuerartige Charakter der Transportsteuer deutlich hervor[1]).

Durch dieses Gesetz wurde auch eine Licenzabgabe von jedem einzelnen Fahrzeuge eingeführt, um die öffentlichen Fuhrwerke in das vornehmlich Kontrolzwecken dienende Licenzsystem der indirekten Besteuerung aufzunehmen.

Uebertragung der Proportionalabgabe auf die Eisenbahnen.

Das Finanzgesetz vom 25. März 1817 bildet auch die Grundlage für die im Jahre 1832 bei den Eisenbahnen erfolgte Einführung der Transportsteuer. Die erste Eisenbahn, welche in Frankreich Personen transportirte, war diejenige, welche St. Etienne mit Lyon verbindet. Als die Verwaltung der direkten Steuern mit Berufung auf das Gesetz vom 25. März 1817 von der neuen Unternehmung 10 Procent der Platzpreise beanspruchte, erhob dieselbe die Einwendung, dass sie nicht auf öffentlicher Strasse, sondern auf eigenem Wege fahre. In Folge dessen vor das Tribunal correctionnel zu Lyon citirt, drang sie in erster Instanz (19. November 1832) mit ihrer Ansicht durch, verlor aber den Process vor dem Appellhofe zu Lyon (25. Februar 1833), für welchen der Umstand entscheidend war, dass auch die Eisenbahn die Funktionen eines „öffentlichen" Fahrzeuges erfülle. Auch der Kassationshof theilte den Standpunkt der Finanzverwaltung, indem derselbe erklärte, „dass die Bestimmungen des Art. 112 allgemein gefasst sind und nicht unterscheiden zwischen den verschiedenen Wegearten, welche die Personen befördernden Wagen befahren.

---

[1]) Wenn Ad. Wagner, F. W. III, S. 574, nebenher „das nicht ganz fehlende Gebührenartige" der Steuer hervorhebt, so kommt er dem Ideengange Leroy Beaulieu's entgegen, welcher die Steuer daraus begründet, dass der Staat, weil er die Strasse unterhält, auch eine Gebühr zu fordern berechtigt sei. Hingegen weist R. v. Kaufmann, Die Finanzen Frankreichs, Leipzig 1882, S. 431 ff. darauf hin, dass abgesehen davon, dass bis in die neuere Zeit hinein besondere Wege- und Brückengelder (péages) bestanden, man in dem nämlichen Gesetze vom 9 Vendémiaire VI, dessen Art. 68 die 10procentige Transportsteuer überhaupt anführt, unter Art. 74 ff. gleichzeitig noch besondere Wege- und andere Zahlungsabgaben (taxes d'entretien) findet.

In der Entscheidung vom 1. August 1833 wurde ferner angeführt: „Die Abgabe eines Zehntels vom Preise der Plätze, welche das Gesetz verlangt, ist nicht auf den Fall beschränkt, dass der Wagen öffentliche Strassen befährt, welche der Art. 538 des Code civil zum Domain public rechnet. Sie ist im Allgemeinen auf das Gewerbe aller derjenigen gelegt, welche sich auf den Personentransport zu Land oder zu Wasser verlegen, ohne dass es nöthig ist, zu untersuchen, wem die befahrene Strasse gehört. Um den Bestimmungen des Gesetzes vom 25. März 1817 zu verfallen, genügt es einerseits, dass der Wagen regelmässigen Dienst thut, wie er im betreffenden Gesetze definirt ist, und andererseits, dass der Wagen öffentlich sei, dass also jeder Reisende, wenn er das vom Unternehmer festgesetzte Fahrgeld zahlt, darin aufgenommen wird“ [1]).

Sobald die prinzipielle Seite der Frage zu Ungunsten der Eisenbahn entschieden war, erhoben diese eine andere Einwendung.

Zur Zeit der ersten Entwickelung des Eisenbahnwesens ging man in Frankreich, wie in anderen Staaten von der Annahme aus, dass der Schienenweg auch von anderen Unternehmern als den Eigenthümern der Bahn gegen eine Benützungsgebühr (péage) befahren werden könnte. Der Tarif der ersten Eisenbahnen in Frankreich wurde daher aus zwei Theilen gebildet, aus der Péage für die Benützung der Bahngeleise und aus dem Prix de transport für den eigentlichen Transportdienst [2]). Die Eisenbahnen vertraten nun den Standpunkt, dass

---

[1]) v. Kaufmann a. a. O.

[2]) Die Idee der Trennung des Fahrverkehres vom Eigenthume der Bahngeleise wird von Ad. Wagner, F. W. III, S. 574, „als uns jetzt fremdartig und sonderbar vorkommend“ bezeichnet. Die Ausbildung des Péagewesens in England und neuerer auch in Oesterreich und Holland hat jedoch nichts anderes als die Gestattung des Fahrverkehres unabhängig vom Eigenthume des Bahngeleises zur Grundlage, in Oesterreich theilweise auch mit öffentlich-rechtlichem Charakter z. B. durch die Gesetze vom 1. Juni und 25. November 1883, in England mit privatrechtlichem Charakter durch die Mitbenützungsverträge (working arrangements, working agreements) ge-

die 10procentige Steuer nur von demjenigen Theile des Tarifes berechnet werden könne, welcher den Transportdienst betrifft. Diesem Standpunkte wurde thatsächlich durch das Gesetz vom 2. Juli 1838 Rechnung getragen und mit Berücksichtigung des Umstandes, dass die erwähnte Zusammensetzung des Tarifes nicht in allen Koncessionen durchgeführt war, festgestellt, dass ein Drittel des Tarifes als Prix de transport anzusehen und die 10procentige Steuer also nur von diesem Drittel einzuheben sei. Der Ansicht Block's[1]), dass diese Neuregelung der Steuer ein Privileg für die Eisenbahnen bedeute, tritt Ad. Wagner[2]) mit dem Bemerken entgegen, dass dieselbe nur dem Geiste der bestehenden Steuer Rechnung getragen habe. Auch bei A. Picard[3]) finden wir diese Auffassung vertreten, indem ausgeführt wird: Der Zweck dieser Verfügungen war, die Eisenbahntransporte denselben Verfügungen zu unterwerfen wie die Landtransporte, welch letzteren aber eine Belastung für Rechnung des Baues oder der Erhaltung der Strasse nicht auferlegt ist.

Einschränkung der Proportionalabgabe auf ein Drittel des Tarifes.

Uns will scheinen, dass der Nachlass von zwei Drittel der

---

regelt. Die englischen Eisenbahnakte vom 8. Mai 1845 verpflichteten im Art. 92 die Koncessionäre auf ihren Schienen Lokomotiven und Wagen jeder anderen Gesellschaft verkehren zu lassen, und zwar unter Voraussetzung der Bezahlung der hiefür festgesetzten Entschädigung. Die gesetzlich fixirten Tarife unterschieden daher:

1. Péagegeld für die Benutzung der Linie durch einen Frachtführer, welcher eigene Betriebsmittel besitzt.

2. Zuschlagtaxe zum Péagegeld, wenn die Transporte mit Betriebsmitteln des Koncessionärs ausgeführt werden.

3. Taxe für die Beistellung der Zugkraft durch den Koncessionär.

Der durch das Mitbenützungsrecht angestrebte Zweck wurde später dadurch zu erreichen gesucht, dass die Konzession zum Baue und Betrieb einer Bahnstrecke an zwei Gesellschaften übertragen wurde (Siehe Röll's Encyklopädie V. S. 2416, Kemman, Verkehr Londons, Berlin 1892, S. 34).

[1]) Dict. Art. voitures publ. Nr. 10.

[2]) a. a. O., S. 574.

[3]) Le Traité des chemins de fer, Paris 1887, Bd. II, 544 ff.

bisherigen Steuer immerhin den Eindruck einer Begünstigung hervorruft, die auf eine richtige Erkenntniss der Schwierigkeiten, mit denen das Eisenbahnwesen in seinen Anfängen zu kämpfen hatte, schliessen lässt.

Für die Entwickelung des Eisenwahnwesens in Frankreich kommt aber dem Gesetze vom 2. Juli 1838 die Bedeutung zu, dass die Schienenwege nunmehr als Privatwege und nicht als Domaine public anerkannt wurden.

Nach dem Krimkriege ergab sich die Nothwendigkeit einer Erhöhung der Einnahmen, und die Finanzverwaltung richtete ihr Augenmerk auf die Eisenbahnen. Gestützt auf die Wahrnehmung, dass die früher anerkannte Zusammensetzung des Tarifes aus der Péage und dem Prix de transport in der Praxis keine Anwendung fand, der monopolartige Charakter der Eisenbahnunternehmungen aber bereits hervortrat, wurde durch das Gesetz vom 14. Juli 1855 bestimmt, dass die 10procentige Steuer nicht mehr auf das Drittel des Preises der Plätze, sondern auf den ganzen Preis derselben gelegt werden solle. Dasselbe Gesetz erklärte die Proportionalabgabe auch auf Eilgüter anwendbar[1]) und erhöhte gleichzeitig die Abgabe um 1 Procent (als Kriegsabgabe), so dass, nachdem 1 Procent schon in Gemässheit des Gesetzes vom 6. Prairial des Jahres VII (25. Mai 1799) hinzugefügt war, die Abgabe jetzt 12 Procent betrug.

Gesetz vom 14. Juli 1855, womit die Pr[o]portionalabga[be] wieder auf de[n] vollen Tarif g[e]legt wird; Au[s]dehnung auf E[il]güter.

Den Eisenbahnen wurde im Gegensatz zu den öffentlichen Fuhrwerken gestattet, die Steuer (ohne den 2procentigen Zuschlag) dem koncessionsmässigen Tarife zuzuschlagen. Als die Eisenbahnen in Folge dessen von ihrem Rechte Gebrauch machten und statt 100 Francs nun 110 forderten, beanspruchte die Finanzverwaltung die Steuer von 11 Francs statt 10 Francs. Es wurden Processe angestrengt, bis der Kassationshof erklärte, dass dem Charakter der betreffenden Abgabe als einer indi-

---

[1]) „Die Eisenbahnzüge für den Personenverkehr waren bisher, nicht ganz folgerichtig, von der Gebühr für die mit ihnen transportirten Waaren (Eilgut) frei.“ Hock, Finanzverwaltung Frankreichs, Stuttgart 1857, S. 417.

rekten entsprechend, deren Betrag ausserhalb des Tarifes liege und daher nicht noch einmal Steuer von Steuer erhoben werden könne. Die Bahnen seien gleichsam nur als Einnehmer der betreffenden Abgabe für den Staat anzusehen und gehöre die letztere also nicht mehr zum Preise des Platzes. Die Folge davon war, dass die Eisenbahnen von nun an nur ein Elftel des konzessionsmässigen Personen- und Eilguttarifes abzuliefern hatten.

In der Literatur ist die Bedeutung des Gesetzes vom Jahre 1855 erst von Ad. Wagner[1]) richtig erkannt worden. Während die deutsche Finanzwissenschaft im allgemeinen die Darstellung französischer Schriftsteller übernommen hat und die im Jahre 1855 für die Eisenbahnen festgesetzte Proportionalabgabe als ein Glied der allgemeinen Steuer auf „öffentliche Fahrzeuge" auffasst, konnte es einem so tiefen Kenner des Eisenbahwesens wie Wagner nicht entgehen, dass man es jetzt mit einer ganz neuen Steuer zu thun hat und dass mit der Umgestaltung, welche die Besteuerung des Eisenbahnverkehres durch das Gesetz vom Jahre 1855 erfahren hat, dieselbe steuerpolitisch zu etwas anderem gemacht wurde, als sie bis dahin gewesen ist.

Es sei jedoch gestattet, darauf hinzuweisen, dass auch Wagner den Schwerpunkt seiner Darstellung auf die Aenderung der Steuerform legt, indem an Stelle einer Ertragsteuer in Folge der nunmehr zulässigen Ueberwälzung der Proportionalabgabe eine Verbrauchs- oder Genusssteuer getreten ist, während wir die Bedeutung des Gesetzes vom Jahre 1855 mehr in der Einführung einer eigentlichen „Eisenbahnsteuer", einer Steuer „sui generis" erblicken, wobei es, wie wir noch später ausführen werden, vom Standpunkte der Eisenbahnfinanzpolitik vielleicht nebensächlicher ist, ob und in welchem Verhältnisse eine Ueberwälzung der Steuer stattfindet.

Erhöhung der Transportsteuer durch das Gesetz vom 16. September 1871.

Nach dem Kriege von 1870/71 wurde durch das Finanzgesetz vom 16. September 1871 eine Abgabe von 10 Procent hinzugefügt, welche von jedem Franc Fahrpreis oder Eilgutfracht einschliesslich der bisherigen Abgabe von 12 Procent zu erheben

---

[1]) a. a. O. S. 575.

war und so die letztere auf 23,2 Procent erhöhte. Ausserdem wurde jede Eilsendung ohne Rücksicht auf ihren Umfang mit einer Stempelabgabe von 35 Centimes, die Fahrpreise und Gepäcküberfracht über 10 Francs mit dem Quittungsstempel von 10 Centimes in Gemässheit des Gesetzes vom 23. August 1871 belastet.

Das Gesetz vom 16. September 1871 bestimmte, dass 10 weitere Procent „vom bestehenden Preise" eingehoben werden sollen. In dem Motivenberichte des Herrn Casimir-Périer an die Nationalversammlung wurde diese Bestimmung dahin interpretirt: „Da der „bestehende Preis" aber 12 Procent Steuern enthält, so sind dementsprechend 11,20 Procent hinzuzusetzen und die Steuer beträgt somit 23,20 auf 100." Wie aber die Steuer dem Preise nur hinzugesetzt wurde, so wurden jene 23,20 Francs thatsächlich nur von 123,20 erhoben, was 18,83 Procent der wirklichen Tarife ausmachte.

Betrug der Preis des Platzes weniger als 50 Centimes, so entfiel der Zuschlag und betrug die Steuer dann 12 von 112 oder 10,71 Procent des wirklichen Preises.

Gegen diese Berechnung hatte die Finanzverwaltung zwar zuerst Einwendungen erhoben, sich aber schliesslich zufriedengestellt.

Gesetz vom 21. März 1874, womit der Eisenbahnfrachtverkehr einer 5procentigen Abgabe unterzogen wurde.

Eine weitere Ausgestaltung erfuhr die Eisenbahnsteuer durch das Gesetz vom 21. März 1874. Nach diesem Gesetze unterlag der Eisenbahnfrachtverkehr einer 5procentigen Abgabe vom eigentlichen Fahrpreise zuzüglich der Lade- und Entladegebühren, der Bahnhofsspesen und Uebergangsgebühren zwischen verschiedenen Netzen für alle Waaren und Gegenstände, welche nach dem Tarife für „petite vitesse" befördert werden. Auch diese Steuer, die keinen weiteren Zuschlägen unterlag, durfte dem Tarifsatze zugeschlagen werden. Befreit blieben Waaren im Transit von einer zur anderen Grenze und Waaren im direkten Verkehre nach dem Auslande. Die Steuer trat noch für einen Theil des Jahres 1874 in Kraft und wurde, wiewohl dieselbe ein ansehnliches Ergebniss lieferte, z. B. im Jahre 1876 23,1 Millionen Francs, mit dem Finanzgesetze vom

Gesetz vom 26. März 1878 betreffend die Aufhebung der Abgabe für Frachtgüter.

26. März 1878 mit 1. Juli desselben Jahres wieder aufgehoben. Die Proportionalabgabe für den Personen- und Eilgutverkehr blieb weiter mit einigen unwesentlichen Abänderungen in Kraft.[1])

Durch Decret von 1881 wurde den Bahngesellschaften freigestellt, zwischen der Erhebung der Steuer nach der wirklichen Einnahme und im Abonnement (Pauschalirung) zu wählen. Im letzteren Falle, der am üblichsten war, wurden der Berechnung der Steuer zu Grunde gelegt die tarifmässigen Roheinnahmen der Eisenbahnen für den Personen- und Eilgutverkehr (Postkollis blieben frei). Davon waren $^{29}/_{154}$ oder 18,831 Procent von Tarifeinheiten von 50 Centimes und darüber, $^{12}/_{112}$ oder 10,714 Procent von solchen unter 50 Centimes zu entrichten, was den gesetzlichen Beträgen von $22^1/_2$ und 12 Procent (mit Zuschlägen) der „Nettoeinnahmen“ gleich galt. 2 Centimes pro Einnahmepost wurden dabei von den ersteren Fällen abgerechnet, vorbehaltlich der Revision dieses Abzuges alle fünf Jahre. Ueber diesen Abzug ist Folgendes zu bemerken:[2]) Das Gesetz vom 16. September 1871 verfügte, dass bei Einführung des Zuschlages für die Proportionalabgabe Bruchtheile, um die diese Abgabe unter 5 Centimes wäre, nicht in Rechnung zu ziehen wären. Zur Vereinfachung dieses Vorganges griff die Steueradministration zu einem empirischen Liquidationsmodus der in der Einhebung der vollen Steuer und im nachträglichen Abzuge von 2 Centimes für jede Einnahmepost über 50 Centimes bestand. Da der Rechnungshof diese Verfügung bemängelte, erwirkte die Regierung beim Parlament das Gesetz vom 11. Juli 1879, welches dieselbe bevollmächtigte, diese Frage im administrativen Wege zu regeln.

---

[1]) „Man hat das Unrecht begangen, die Steuer auf den Transport von Eilgütern zu belassen, was den Handelsverkehr ganz besonders in einem Lande wie Frankreich schwer belastet, wo die Lastgutbeförderung sehr langsam und oft 14 Tage braucht, um Waaren von einem Punkt des Landes zu einem anderen zu befördern.“ Leroy Beaulieu, a. a. O. I, S. 567 ff.

[2]) S. Picard a. a. O.

Der finanzielle Erfolg der im Eisenbahnverkehre eingehobenen Transportsteuer drückt sich in folgenden Ziffern aus:[1])

1881	87,3	Mill Francs
1882	89,1	
1883	90,1	
1884	86,7	
1885	86,8	
1886	87,9	
1888	83,3	
1889	100,4	(Weltausstellung)
1890	93,2	
1891	100,4	

Der Uebergang zum Staatsbahnsystem in den deutschen Staaten und die daselbst eingetretene Ermässigung der Tarife bildete die äussere Veranlassung, um auch in Frankreich die Aufmerksamkeit auf die hohen Tarife zu lenken. Waren doch bis jetzt die einfachen Fahrpreise der französischen Hauptbahnen im Allgemeinen noch in der Höhe der ihnen durch die Koncessionen bewilligten Höchstsätze festgesetzt. Ermässigungen wurden wohl gewährt, jedoch nur im Wege der Ausnahmetarifirung.

Als nun die Regierung im Jahre 1882 mit den grossen Eisenbahnen in Verhandlung wegen Koncessionsverlängerung trat, ergab sich von selbst die Nothwendigkeit, der Tariffrage und damit im Zusammenhange auch der Transportsteuer näher zutreten, und schliesslich wurde im Art. 14 der mit den französischen Eisenbahnen abgeschlossenen Verträge Folgendes vereinbart: „Falls der Staat die durch das Gesetz vom 16. September 1871 festgesetzte Zuschlagsabgabe aufheben sollte, verpflichten sich die Eisenbahngesellschaften, ihre Sätze des Normaltarifes herabzusetzen um 10 Procent für die II. und 20 Procent für die III. Klasse oder um einen entsprechenden Betrag

[1]) 1830, also vor Entstehung der Eisenbahnen, ergab das droit sur les voitures publiques 340,000 Francs, 1839 ein Jahr nach Uebertragung der Steuer auf die Eisenbahnen 5,9 Mill.

nach Vereinbarung. Im Falle eines Rückkaufes innerhalb fünf Jahren nach Vornahme dieser Ermässigung, wird dem Betrage des Verkaufspreises in Jahresrente zugesetzt der etwa durch diese Massregel entstandene Ausfall, wobei zur Grundlage der Berechnung die Reineinnahmen aus dem Personenverkehre des der Reform vorausgehenden Jahres genommen werden. Wenn der Staat weiter neue Ermässigungen der Abgabe gewährt, verpflichten sich die Eisenbahngesesellschaften, gleichfalls eine gleichwerthige Ermässigung der Personenfahrpreise einzuführen. Indes sollen sie zu diesem neuen Opfer erst dann angehalten werden, wenn sie auf ihrem Netze die Reineinnahmen vor der ersten Ermässigung wieder erreicht haben. Auch würden die Eisenbahngesellschaften nicht verpflichtet sein, die gewährten Ermässigungen aufrecht zu erhalten, wenn der Staat nach der Ermässigung dazu übergehen sollte, die gedachten Abgaben in irgend einer Gestalt ganz oder theilweise wieder einzuführen."

Fast zehn Jahre waren diese Bestimmungen in Wirksamkeit, bevor sich die Regierung entschloss, die Voraussetzungen zu schaffen, um die obigen Bestimmungen zur praktischen Geltung zu bringen.

Finanzgesetz vom Jahre 1892, betreffend die Aufhebung des 10 procentigen Zuschlages.

Erst durch das Finanzgesetz vom Jahre 1892 (Referent Abg. Felix Faure) wurde Folgendes festgesetzt:

Art. 26. — Vom 1. April 1892 ab wird der durch Art. 12 des Gesetzes vom 16. September 1871 festgesetzte Zuschlag von 10 Procent aufgehoben:

1. Für die Fahrpreise der Reisenden in Eisenbahnen, öffentlichen Fuhrwerken, Dampfschiffen und sonstigen zur Beförderung von Reisenden dienenden Schiffen.

2. Für den Gepäcktransport, einschliesslich der 10 Centimes Einschreibegebühr und für den Eilgutverkehr auf denselben Beförderungsunternehmungen.

Art. 27. — Ganz aufgehoben werden von demselben Zeitpunkte ab die Proportionalabgaben auf dem Eilgut-, Lebensmittel- und Viehverkehr. Die Gepäcküberfracht, die Transportpreise für Geldsendungen und für Hunde bleiben der Abgabe von 12 Procent unterworfen.

Art. 28. — Vom 1. April 1892 ab hören die Bestimmungen des letzten Paragraphen des Art. 8 des Gesetzes vom 28. Juni 1833 und des Art. 2 des Gesetzes vom 11. Juli 1879 auf anwendbar zu sein auf Eisenbahnen und Strassenbahnen, mit Ausnahme der Pferdebahnen und Strassenbahnen mit mechanischer Beförderung, auf deren Netz der Fahrpreis 1 Franc nicht übersteigt.

Für Lokalbahnen und Tramways mit mechanischer Beförderung wird eine Proportionalabgabe von 3 Procent für Personen und Gepäck festgesetzt.[1])

Die Darstellung auf S. 36 ff. giebt eine Vergleichung der Personentarife vor und nach dem Jahre 1892:

Die Ermässigung beträgt hiernach im Ganzen bei den einfachen Fahrkarten in der I. Klasse 9 Procent, welche lediglich der Staat opfert, in der II. Klasse 18 Procent, wovon 10 Procent auf den Staat, 8 Procent auf die Eisenbahnverwaltungen fallen, in der III. Klasse 27 Procent, wovon 11 auf den Staat, 16 Procent auf die Eisenbahnen fallen. Bei den Rückfahrkarten beträgt die Ermässigung in der I. Klasse 9 Procent auf Staatskosten, in der II. Klasse 12 Procent, davon 9 auf Staatskosten, 3 auf Kosten der Eisenbahnverwaltungen, in der III. Klasse 22 Procent, davon 10 auf Staats- und 12 auf Eisenbahnkosten. Die Hauptermässigung fällt also auf die III. Klasse, während die I. Klasse, entsprechend den Vereinbarungen von 1883, eine Ermässigung seitens der Eisenbahnen nicht erfährt. Dasselbe gilt bezüglich der Zeitkarten und sonstigen ermässigten Karten, welche lediglich die Ermässigung der Staatsabgabe enthalten, ebenso wie bezüglich der Lokalbahnen.

---

[1]) Omnibus- und Pferdebahnverkehr unterliegen auf Grund der Gesetze vom 28. Juni 1833 und 11. Juli 1879 der festen Jahresabgabe für Wagen;

1—2	per	Platz	50	Francs
3	-	-	75	-
4	-	-	100	-
5	-	-	120	-
6	-	-	137 1/2	-
6—50	-	-	12 1/2	-
51—150	-	-	6 1/4	-
über 150	-	-	3 1/8	-

Dazu kommen Licenzgebühren von 6,25 Francs für den Waggon und 2 Francs für die Klappenkontrolmarke (Estampille).

Ver-

der Preise für den Passagiertransport pro Kilometer ab

	Frühere Preise pro Kilometer					Ermässigungen zugestanden von den Gesellschaften
	Tarif des Bedingnissheftes.	Steuer vom Jahre 1855 (12 Procent)	Zusammen	Steuer vom Jahre 1871	Gesammtpreis	
						Gegenüber dem Tarif des Bedingnissheftes in Procenten
I. Classe .	0·10	0·01.2	0·11.2	0·01.12	0·12.32	—
II. „ .	0·07.5	0·00.9	0·08.4	0·00.84	0·09.24	10
III. „ .	0·05.5	0·00.66	0·06.16	0·00.61.6	0·06.77.6	20
	Alter Tarif Ermässigung um 25 Proc.					Gegenüber dem neuen Preise der einfachen Billete in Procenten
Tour- und Retourkarte I. Classe .	0·15	0·01.8	0·16.8	0·01.68	0·18.48	25
Tour- und Retourkarte II. „ .	0·11.25	0·01.35	0·11.26	0·01.26	0·13.86	20
Tour- und Retourkarte III. „ .	0·08.25	0·00.99	0·09.24	0·00.92.4	0·10.16.4	20

a) 31·81 Procent, *b*) 34·54 Procent, *c*) 41·81 Procent gegenüber der

gleichung

1. April 1892 mit den Preisen, die früher eingehoben wurden.

Neue Preise pro Kilometer mit Geltung seit 1. April 1892			Ermässigungen					
			pro Kilometer			in Procent		
Tarif der Gesellschaft.	Steuer vom Jahre 1855 (12 Procent)	Gesammtpreis	Bei dem Tarife der Gesellschaft.	Bei der Steuer	Bei dem Gesammtpreise	Bei dem Tarife der Gesellschaft.	Bei der Steuer	Bei dem Gesammtpreise
0·10	0·01.2	0·112	—	0·01.12	0·01.12	—	48·27	9·09
0·06.75	0·00.81	0·07.56	0·00.75	0·00.93	0·01.68	10·00	53·44	18·18
0·04.4	0·00.52.8	0·04.92.8	0·01.1	0·00.74.8	0·01.84.8	20·00	58·62	27·27
0·15	0·01.8	0·16.8	—	0·01.68	0·01.68	—	48·27	9·09 *a*)
0·10.80	0·01.29.6	0·12.09.6	0·00.45	0·01.31.4	0·01.76 .4	4	50·34	12·727 *b*)
0·07.04	0·00.84.48	0·07.88.48	0·01.21	0·01.06.92	0·02.27.92	14·66	55·86	22·424 *c*)

alten Taxe der einfachen Billets.

Die Ermässigungen der Hauptbahnen betragen für die einfachen Fahrkarten 23 Millionen Francs, für die Rückfahrten 10 Millionen Francs, die des Staates für die einfachen Fahrkarten 22.8 Millionen Francs, für die Rückfahrkarten 13 Millionen und für die sonstigen ermässigten Fahrkarten 4 Millionen Francs. Im Ganzen ergiebt sich auf das bisherige Erträgniss der einfachen Fahrkarten eine Ermässigung von 21 Procent, auf das der Rückfahrkarten eine Ermässigung von 17 Procent[1]).

Beim Gepäck wird lediglich die Staatsabgabe auf 12 Procent ermässigt, was einen Ausfall von 1,009.607 Francs für den Staat ergiebt, und zwar wird die Gepäckfracht ermässigt bis zu 40 Kilogramm von 55 Centimes auf 50 Centimes, über 40 Kilogramm von 44.352 Centimes auf 40.32 Centimes für das Tonnenkilometer. An Freigewicht werden 25 Kilogramm gewährt.

Bezüglich der Eilgut-, Fahrzeug- und Viehtarife hatten die französischen Eisenbahngesellschaften in den Verträgen von 1883 irgend welche Verpflichtungen für den Fall der Aufhebung der staatlichen Abgaben nicht übernommen. Gleichwohl haben sie bei der Aufhebung der Proportionalabgabe auch ihrerseits beträchtliche Tarifermässigungen eintreten lassen. Die Ermässigung betrug bei Vieh und Fahrzeugen 35 Procent, darunter 20 Procent zu Lasten der Eisenbahngesellschaften. Für Eilgut traten Ermässigungen von 27 bis 44 Procent ein. Hieran war der Staat mit 19 Procent betheiligt. Der Gesammtausfall des Staates an Abgaben für Eilgut betrug 18 Millionen Francs, die Ermässigung der Eisenbahnen 7.8 Millionen Francs.

Es wurde berechnet, dass im Ganzen dem Gesammtausfalle des Staates in Folge Aufhebung von Ermässigung der Abgaben auf den Personen- und Eilgutverkehr im Betrage von 53 Millionen Francs gegenüberstehen 42 Millionen Francs von den Eisenbahnen gewährte Tarifermässigungen, so dass sich der

---

[1]) Ulrich, Reform des Personen- und Eilgutverkehres in Frankreich, Archiv für Eisenbahnen, 1892, I.

Vortheil für den Verkehr nach dem Verkehrsergebnisse des Jahres 1890 berechnet auf 95 Millionen Francs beläuft.

Die Antwort auf die naheliegende Frage, welche Wirkung diese grosse Aktion auf den Verkehr und die Einnahmen ausgeübt habe, findet man in einer kürzlich erschienenen Arbeit des Direktors C. Colson[1]), welche diesen Gegenstand in umfassender Weise behandelt.

Es betrugen hienach:

	Mittlere Betriebslänge	Personen				Waren		
		Durchlaufene Kilometer	Einnahmen incl. Steuer	Einnahmen excl. Steuer	auf den Kilometer entfallen	Durchlaufene Kilometer	Einnahmen	auf den Kilometer entfallen
	Kilometer	Millions	Millions	Millions	Centim	Millions	Millions	Centim.
1889	32,914	8,628	468	384	4.46	11,052	614	5.55
1890	33,280	7,943	431	354	4.46	11,759	641	5.46
1891	33,878	8,286	444	365	4.41	12,294	659	5.36
1892	34,881	9,243	422	371	4.01	12,120	649	5.36
1893	35,350	10,008	434	387	3.88	12,274	644	5.25
1894	35,973	10,331	450	401	3.88	12,482	649	5.20

Aus dieser Darstellung ergiebt sich folgendes:

Von 1890 bis 1891 hat sich die Anzahl der durchlaufenen Personen-Kilometer um 343 Millionen erhöht. Hingegen ist im Zeitraume 1891—1893, in welchen die Tarifreform fällt, eine Erhöhung von 8286 auf 10008 Millionen zu verzeichnen, was einer Vermehrung von 1722 Millionen oder ca. einer Milliarde pro Jahr entspricht.

Die Einnahmen der Gesellschaften erhöhten sich 1890—91 von 354 auf 365, also um 11 Millionen. Im Zeitraume 1891—93 betrug die Mehreinnahme 22 Millionen oder 11 Millionen pro Jahr. 1893—94 ist die Mehreinnahme unbedeutend höher, nämlich 14 Millionen. In der Entwicklung der Brutto-Einnahmen ist also infolge der Reform der Personentarife eine

[1]) Colson C., Les chemins de fer et le budget, Paris 1896.

wesentliche Aenderung nicht zu verzeichnen. Hingegen war die Reform mit einer erheblichen Vermehrung der Ausgaben verbunden, was Colson zu der Bemerkung veranlasst, dass die Gesellschaften niemals ihre Zustimmung zu den Tarifreduktionen gegeben hätten, wenn die Konventionen vom Jahre 1883 sie nicht ermächtigt hätten, die aus der Steigerung des Verkehres herrührenden Investitionsbedürfnisse auf das garantirte Baukonto zu stellen.

Selbstverständlich finden die finanziellen Ergebnisse auch in der Verringerung der Abgaben ihren Ausdruck.

Der Ertrag derselben belief sich im Jahre 1891 auf 96 Millionen und wies eine jährliche Steigerung um ca. 3 Millionen auf. Er hätte also 1893 101 Million überschritten. Das Jahr 1894 lieferte jedoch nur 54 Millionen Abgaben, also um nahe 50 Millionen weniger. Colson kommt zu dem Schlusse, dass dieses Ergebniss geeignet sei die Annahme zu widerlegen, als ob eine Reduktion der Tarife ein Mittel wäre, um die Einnahmen zu heben. Am wenigsten sei dies beim Waarenverkehr der Fall, wo eine Steigerung thatsächlich nur dann eintritt, wenn es der Handel erfordert und wenn die Voraussetzungen für eine Zunahme der Produktion sonst vorhanden sind.

Stempelabgaben.

Neben der Transportsteuer (l'impôt sur la grande vitesse) besteht in Frankreich für Eisenbahnempfangsscheine, welche den Frachtbrief ersetzen, eine eigene Stempelabgabe (le droit de timbre des récépisses). Diese Abgabe beträgt 70 Centimes für jede Frachtgutsendung, 35 Centimes für jede Eilgutsendung, 10 Centimes für Postpakete und Sendungen aller Art, welche durch die Tramways befördert werden.

Das Ergebniss war im Jahre 1890 folgendes:

35 Cent.	24,04 Millionen Fälle	8,41	Millionen Francs
70 „	27,79 „	19,45	„
		27,86	

und erhöhte sich 1894 auf 33 Millionen.

Ausdehnung und Ertrag erklären sich aus dem Princip des obligatorischen Recepisses der Eisenbahnen, wenn kein Frachtbrief, was nicht gesetzlich ist, genommen wird.

Im Allgemeinen ist es in Frankreich gestattet, Verträge privatrechtlicher Natur mündlich oder schriftlich einzugehen, und wenn zur öffentlichen Glaubwürdigkeit ein geschriebener Vertrag beansprucht wird, hat die Verwaltung nur das Recht, zu prüfen, ob er auf einem gestempelten Papier ausgestellt ist. Die Eisenbahngesellschaften hingegen sind, zufolge des Finanzgesetzes vom 13. Mai 1863 verpflichtet, dem Absender ein gestempeltes Recepisse zu verabfolgen, auch wenn er es nicht verlangt.

Diese Bestimmung wird viel angefeindet. Man findet den Tarif besonders für Frachtgüter zu hoch, da die Sendungen, die weniger als 2 Francs Fracht bezahlen, 43 Procent sämmtlicher Bahnverfrachtungen, die Postpakete nicht inbegriffen, betragen. Im Jahre 1895 wurde eine Vorlage der Regierung angekündigt, nach welcher für Eilgüter sowohl wie für Frachtgüter ein Staffeltarif von 25 Cent. für Sendungen mit einer Fracht unter 2 Francs, bis 1 Francs 25 Cent. für solche, die über 50 Francs bezahlen, eingeführt werden sollte. Dieses Projekt ist jedoch nicht zur Durchführung gelangt.

In neuerer Zeit[1]) wird vorgeschlagen, die Stempelabgabe für Gepäcksaufgabescheine von 10 auf 50 Cent. zu erhöhen, was damit motivirt wird, dass Frankreich eines der wenigen Länder des Kontinents ist, wo dem Reisenden 30 Kilogramm Freigepäck gewährt wird, und in Folge dessen ein Reisender, der kein Gepäck mitbringt, der Eisenbahn denselben Preis bezahlt, wie der, welcher solches bringt. Der Ertrag der Stempelerhöhung soll zu Ende des ersten Betriebsjahres angelegt werden zur verhältnissmässigen Entlastung im nächsten Betriebsjahre vom Stempel von 70 Cent. für Frachtgüter unter 2 Francs Fracht, die 43 Procent des Gesammtverkehrs ausmachen[2]).

---

[1]) Journal des transports 1896, Nr. 9 und 11.

[2]) In der Budgetdebatte des Jahres 1896 stellte M. Ducos, Deputirter von Vaucluse, einen Antrag wegen Besteuerung der Freikarten und Perronkarten. M. Habert meinte, es würde genügen, wenn man eine statistische Gebühr einführen würde. Hierzu wäre zu bemerken, dass im Jahre 1895 bei den österreichischen

Die Transportsteuern ergaben 1894 im ganzen 84 Millionen Francs also 6 Procent der gesammten Einnahmen. 1884 waren es 10 Procent.

England.

In England ist die Transportsteuer in ähnlicher Weise wie in Frankreich von den Posten auf die Eisenbahnen übertragen worden. Das Gesetz vom Jahre 1832 hatte die ältere Form der Steuer, welche eine Stempelgebühr auf Postkutschen und Postpferde war, für die Eisenbahnen zu einer Steuer von $^1/_8$ penny per mile vom Fahrgelde modificirt, während gleichzeitig die alte Steuer für Miethwagen ermässigt wurde, nämlich auf $1^1/_2$ penny pro Wagenmeile für die Diligencen, 7 Shilling pro Woche für Lohnkutschen.

Mit der Entwickelung mehrerer Fahrklassen im Eisenbahnverkehre erkannte man die Ungleichmässigkeit der Besteuerung bei Aufrechterhaltung eines einheitlichen Satzes.

Gesetz vom 5. August 1842, womit eine 5procentige Abgabe vom Gesammtfahrgelde eingeführt wurde.

Es ist daher die Frage ventilirt worden, ob es nicht zweckmässig wäre, den einheitlichen Steuersatz durch eine Proportionalsteuer zu ersetzen. Thatsächlich wurde durch das Gesetz vom 5. August 1842 eine 5procentige Abgabe vom Gesammtfahrgelde eingeführt. Im Jahre 1844 wurde bei der gesetzlichen Einführung der parliamentary trains oder, wie sie das Gesetz von 1844 nennt, „cheap trains" (wohlfeile Züge) zu höchstens 1 penny für die Meile die Befreiung dieser Züge von der Passagiersteuer ausgesprochen. Zur Verhinderung einer möglichen Ausbeutung der ärmeren Klassen wurde durch Gesetz bestimmt (7 und 8 Vict. cap.), dass jede Verwaltung bei täglicher Strafe bis zu 35 Pfund auf jeder Strecke täglich mindestens einen überall anhaltenden Zug mit der III. Wagenklasse nach jeder Richtung abzufertigen habe, für welche der

Befreiung der „cheap-trains" von der Passagiersteuer.

Staatsbahnen für Freikarten eine Ausfertigungsgebühr von 50 Kreuzer für jede Karte, und zwar im administrativen Wege eingeführt wurde

Fahrpreis höchstens 1 Penny für die englische Meile betragen dürfe und in welchen ferner die Mitführung von 50 Pfund persönliches Freigepäck frei sein müsse; Kinder unter drei Jahren sollten unentgeltlich, bis zu 12 Jahren für die Hälfte der gewöhnlichen Fahrpreise befördert werden.

Für derartige wohlfeile Züge war eine durchschnittliche Geschwindigkeit von mindestens 12 miles (19,2 Kilometer) in der Stunde festgesetzt; fernere Bedingung war die Einrichtung von Sitzplätzen und Gewährung angemessenen Schutzes gegen Wind und Wetter. In dem betreffenden Gesetze wird, „da es angemessen erscheint, der ärmeren Klasse der Reisenden die Gelegenheit des Reisens auf der Eisenbahn zu mässigen Sätzen und in solchen Wagen zu gewähren, worin sie vor dem Wetter geschützt sind“, befohlen, dass alle Eisenbahngesellschaften, welche in dieser Saison oder einer folgenden sanktionirt sind, oder welche neue Vollmachten nachsuchen, an jedem Wochentage ausser Charfreitag und Weihnachtstag und auch an Sonntagen, wenn andere Passagierzüge auf der Bahn an Sonntagen fahren, mindestens einen Zug auf ihrer ganzen Linie für die Passagiere III. Klasse fahren lassen, mit einer Geschwindigkeit von mindestens 12 miles in der Stunde durchschnittlich für die ganze Strecke, einschliesslich der Aufenthaltsfristen, mit Anhalten auf jeder Passagierstation und mit Wagen, welche Sitze haben und vor dem Wetter so geschützt sind, wie es das Handelsamt für ausreichend erachtet, zu einem Fahrgelde von höchstens einem penny, für jede mile; $^1/_2$ Centner Freigepäck und Kinder unter 3 Jahren frei, zwischen 3 und 12 Jahren für die Hälfte; bei Strafe von 20 Pfund Sterling für jeden Tag. Für diese Verpflichtung werden die Eisenbahngesellschaften von der Passagiersteuer auf solche Züge, welche man seitdem parliamentary trains genannt hat, gänzlich befreit[1]).

Der Durchschnitt des Fahrgeldes III. Klasse betrug im Jahre 1843 per mile 1,15 penny, wovon 0,06 Steuer zu zahlen

---

[1]) Cohn, Untersuchungen über die englische Eisenbahnpolitik, Leipzig 1874, I, 168 ff.

war; jetzt sollte das Maximum betragen 1 penny; die Differenz zwischen dem früheren Durchschnitt und dem jetzigen Maximum betrug also nur 0,09 penny.

Das Zugeständniss von der Befreiung der Passagiersteuer unter gewissen Voraussetzungen ist den Eisenbahnen eingeräumt worden, weil diese behauptet hatten, es werde ihnen ein Opfer mit diesen cheap trains zugemuthet. „So wenig dieses Beispiel zu den mythologischen Vorstellungen von der erleuchteten Ansicht des self-interest in England passt, und so sehr es für die staatliche Bevormundung spricht, hat es leider in finanzieller Hinsicht nur die Folgen einer Schädigung des Staates zu Gunsten der Eisenbahngesellschaften nach sich gezogen“[1]).

Das Gesetz vom Jahre 1844, beziehungsweise die in demselben bedingungsweise vorgesehene Befreiung von der Passagiersteuer hatte langjährige Processe im Gefolge gehabt, in welchen die Steuerbehörde vergeblich dem Wortlaute des Gesetzes von 1844 Geltung zu verschaffen suchte, der bestimmte, dass die cheap trains auf jeder Station anhalten sollen, und den Eisenbahngesellschaften die Wahl stellte, entweder alle Züge mit III. Klasse auf jeder Station anhalten zu lassen oder die Passagiersteuer zu entrichten.

Vorschlag, die Steuer in Hinkunft mit 1 Procent vom Personen- und Güterverkehr estzusetzen.

Im Jahre 1870 legte der Schatzkanzler einen Entwurf vor, welcher den Streit um die Passagiersteuer in der Weise schlichten sollte, dass die Steuer in Hinkunft 1 Procent der Gesammteinnahme aus dem Personen- und Güterverkehre betragen sollte.

Dieser Plan scheiterte an dem Widerstande der Gesellschaften. Am 17. März des genannten Jahres erschien eine Deputation beim Schatzkanzler Sir Stafford Northcote. Ein Unterhausmitglied Mr. Leeman führte die Deputation mit der Bemerkung ein, dass sie 500 Millionen Pf. Sterling Kapital in Eisenbahnen repräsentire. Der acute Anlass der Beschwerde sei das Ansinnen der Steuerbehörde, welche für die neuen

---

[1]) Cohn, II, S. 306.

Züge III. Klasse Steuern verlange und dieserhalb bei dem Court of Exchequer klagbar geworden sei. Sie, die Vertreter der Eisenbahninteressen, stützten sich auf das Gutachten von drei der ersten Juristen, dazu des gegenwärtigen Lord-Kanzlers; der einzige befriedigende Ausgang aber sei, die Steuer ganz und gar abzuschaffen als eine Steuer, die entgegengesetzt ist den Interessen des Landes. Einige Mitglieder der Deputation wiesen darauf hin, wie ungerecht die Steuer sei, da sie bloss auf den Personenverkehr gelegt sei, so dass die Bahn, die vorherrschend Güterverkehr pflegt, weniger bezahlt. Ein anderes Mitglied endlich drohte mit der Association für die Beseitigung der Passagiersteuer. Es giebt nämlich, wie Cohn bemerkt[1]), in England so ziemlich für jede Steuer einen Verein zu ihrer Beseitigung.

Bestrebungen zur gänzlichen Aufhebung der Steuer.

Der Schatzkanzler erwiderte: Was die grosse Frage einer Steuer auf die Beförderung anlange, so könnte man von ihm erwarten, dass er sage: sie ist eine von den Punkten, welche die Aufmerksamkeit des Schatzkanzlers bei dem jährlichen Entwurfe des Budgets in Anspruch nehmen müssen. Niemand könne zweifeln, dass, wenn man diese Steuer für sich betrachte, es eine Frage von nationaler Wichtigkeit sei, dass die Beförderung so frei als möglich sein solle. Andererseits müsse er aber hervorheben, dass es auch andere Interessen und andere Ansprüche gebe, die jenen gegenüberständen. Das Publikum verlange Schutz gegen mancherlei Unbilden, welche die Folge des thatsächlichen Monopoles sind, das in die Hände der Eisenbahngesellschaften gefallen sei; dieses Verlangen müsse zuerst befriedigt werden, wenn man dieses Monopol von einer Last befreie. Was die besondere Behandlung der III. Klasse anlange, so gebe er zu bedenken, dass jene Befreiung gewährt worden sei unter ganz anderen Umständen als den gegenwärtig bestehenden. Die Gesetzgeber von 1844 gaben dieselbe, weil damals die Eisenbahngesellschaften die Einführung der III. Klasse nicht für vortheilhaft

---

[1]) a. a, O., II, S. 312.

hielten und die Verpflichtung dazu als eine Last ansahen. Jetzt aber habe sich der Verkehr III. Klasse so entwickelt, dass es das Interesse der Eisenbahngesellschaften geworden sei, weit grössere Fürsorge für die Beförderung dieser Klasse zu treffen, als es damals irgend in dem Sinne der Gesetzgeber lag. Und als zum Schlusse Sir Stafford Northcote die Herren fragte, was für eine andere Form der Steuer sie denn vorzuschlagen gedächten, war die einstimmige Antwort, sie wollten überhaupt keine Steuer, worauf der Schatzkanzler die Deputation mit den Worten entliess: „Wenn wir die Steuer nicht beseitigen können, so müssen wir sie lassen, wie sie ist.“

Dispensation des Handelsamtes von dem Anhalten der Züge in jeder Station.

Das formelle Hinderniss, welches in der Vorschrift des Gesetzes von 1844 lag, es sollten diese Züge im Interesse des Verkehres der kleinen Leute auf jeder Station anhalten, wurde durch eine Dispensation des Handelsamtes beseitigt — ein formell zwar gesetzlicher, aber materiell viel bekämpfter Schritt. Die Folge davon war, dass schon 1872 die Hälfte der Steuer dem Staate entging. In diesem Jahre betrug die Einnahme aus dem Passagiergelde in England 16,783.113 Pf., die Steuer aber nur 461,329 Pf., d. i. $2^3/_4$ Procent, weil der Verkehr III. Klasse allein 8,681.494 Pf. zu den Gesammteinnahmen beitrug und keine Steuer zahlte. Fühlbar machte sich der Umstand, dass die Midi zu dem wichtigen Schritte sich entschloss, die III. Wagenklasse, die bis dahin nur den langsamer fahrenden Zügen beigegeben war, allen Zügen beizugeben, welchem Vorgehen später die anderen Bahnen gefolgt sind. Im Jahre 1875 entschloss sich die Midi sogar, die II. Klasse gänzlich abzuschaffen. Ob die Beibehaltung der II. Wagenklasse in besonderen Fällen ins Auge zu fassen ist, kann für eine Verwaltung dann in Frage kommen, wenn die für Fahrsätze über 1 penny für die englische Meile gesetzlich vorgeschriebene Staatssteuer von 5 Procent der Einnahmen so beträchtlich wird, dass der aus der II. Klasse erzielte Gewinn den der III. Klasse kaum noch übersteigt.

Kemmann führt hierfür folgendes Beispiel an[1]).

[1]) Der Verkehr Londons, Berlin 1892.

Für die Strecke London-Manchester betragen die Einnahmen:

1. Aus einer Abtheilung II. Klasse:

enthaltend acht Personen zu je	20 Mark =	160 Mark
ab Steuer	5 Proc. =	8 -
	bleiben	152 Mark

2. Aus einer Abtheilung III. Klasse:

enthaltend 10 Personen zu je	15.46 Mark =	154.60 Mark
mithin Mehreinnahmen aus der	III. Klasse =	2.60 Mark.

Der zweite Fall ist steuerfrei.

Aufhebung der Dispensation durch das Oberhaus.

Im Jahre 1874 hat das Oberhaus als höchste Gerichtsinstanz den Dispens des Handelsministeriums als gesetzwidrig erklärt. Der Steuerertrag stieg jetzt auf 800.000 Pf.

Im Jahre 1876 setzte das Unterhaus einen Ausschuss nieder behufs neuerlicher Untersuchung der Angelegenheit. Aus der Debatte ist hervorzuheben, dass der Nationalökonom Professor Fawcet (Generalpostmeister im Kabinet Gladstone) energisch gegen die Beseitigung der Steuer auftrat. Er wollte die Untersuchung auf die Frage ausgedehnt wissen, welche Vortheile für das Publikum von den Eisenbahngesellschaften als Entgelt für die Beseitigung der Steuer zu verlangen wären, was aber vom Schatzkanzler und der Majorität mit 113 gegen 41 Stimmen abgelehnt wurde. Im Gegentheil, der Ausschuss gab seiner Sympathie für die Eisenbahngesellschaften dadurch Ausdruck, dass er den Vorschlag machte, die Steuer sobald als möglich ganz abzuschaffen. Es sei unbillig, eine Steuer ausschliesslich auf die Eisenbahnen zu legen, während andere Verkehrsmittel, wie z. B. die Omnibusgesellschaften, wesentlich niedrigere Steuern zahlen. Bis zur gänzlichen Abschaffung sollte zunächst die Steuer auf alle Einnahmen aus den Fahrsätzen von 1 Penny und weniger für die englische Meile aufgehoben werden. Den Bestrebungen der Eisenbahngesellschaften kam hierbei der Umstand zu statten, dass der Regierung jede gesetzliche Handhabe fehlte, um die vom Kriegsminister seit längerer Zeit angestrebte Beförderung der Truppen zu einem billigeren Tarife durchzusetzen. Dieser Umstand, der von der Regierung unangenehm empfunden wurde, begünstigte im Jahre 1883 das Zustandekommen eines Gesetzes, in welchem diese Frage gleichzeitig mit der Frage der Passagiersteuer gelöst wurde. Dieses Gesetz lautet:

Akte zur Amendirung des Gesetzes über die Passagiersteuer, sowie zur Amendirung und Konsolidirung des Gesetzes über die Beförderung der königlichen Truppen auf den Eisenbahnen.

29. Aug. 1883. 46 und 47 Vict. ch. 34.

Abgekürzter Titel „Cheap Trains Act 1883“.

Es wird verfügt durch Ihre Majestät die Königin über und mit dem Rathschlag der Lords und Gemeinen des jetzt versammelten Parlamentes und kraft der ihnen zukommenden Autorität das Folgende:

Kurzer Titel.

1. Dieser Akt möge bezeichnet werden als: Cheap Trains Act 1883.

Abschaffung der Abgaben für billige Züge und Reduktion derselben im Stadtverkehre.

2. Vom Beginne der Wirksamkeit dieses Aktes sind die Abgaben, welche die Passagiere von den Fahrpreisen zu bezahlen haben, den Bestimmungen dieses Aktes unterworfen und nachfolgend festgesetzt:

1. Fahrpreise, welche über das Ausmass von 1 penny für die Meile nicht hinausgehen, sind von der Abgabe (Steuer) befreit; Fahrpreise für Retourkarten und Fahrbillets mit zeitlicher Giltigkeit sind nur dann von der Abgabe (Steuer) befreit, wenn der gewöhnliche Fahrpreis für die einfache Fahrt über das früher bezeichnete Ausmass nicht hinausgeht.
2. Die Steuer soll bemessen werden mit 2 Procent vom Fahrpreise, welcher über 1 penny pro Meile hinausgeht; für Fahrten innerhalb eines und desselben Stadtgebietes bleiben die einschlägigen Bestimmungen des betreffenden Abschnittes in Kraft.
3. Wenn das Handelsamt die Ueberzeugung sich verschafft hat, das zwei oder mehrere Eisenbahnstationen innerhalb des zusammenhängenden Gebietes einer Stadt sich befinden, welche nicht weniger als 100,000 Einwohner zählt, so ist das Handelsamt berechtigt, diese Eisenbahnstationen als im Stadtverkehre stehend zu bezeichnen. Es steht dem Handelsamte zu, diesbezügliche Bestimmungen abzuändern oder gänzlich aufzuheben.

3. 1. Wenn zu irgend einer Zeit das Handelsamt Anhaltspunkt dafür gewinnt: **Bestimmungen wegen Einrichtung dritter Klassen und Arbeiterzüge.**

a) dass auf einer Eisenbahnlinie oder auf einer Theilstrecke einer Eisenbahn oder auf einem zusammenhängenden System von Eisenbahnlinien, welche einer oder mehreren Gesellschaften zugehören, eine entsprechende und ausreichende Einrichtung für Reisende, welche keinen höheren Fahrpreis als 1 penny pro Meile bezahlen, nicht vorgesehen ist; oder

b) dass auf einer für Personenbeförderung eingerichteten Eisenbahnlinie keine eigenen und entsprechenden Züge für Arbeiter vorgesehen sind, welche zur Beförderung dieser Arbeiter zu und von ihren Arbeitsorten zu angemessenen Fahrpreisen und angemessenen Stunden zwischen 6 Uhr Abends und 8 Uhr Morgens dienen sollen, so hat das Handelsamt hierüber Erhebungen zu pflegen, und wenn es erforderlich ist, diese Angelegenheit der Entscheidung der Eisenbahnkommission zu überweisen, welche die in Gemässheit der Eisenbahnakte vom Jahre 1873 ihr übertragene Vollmacht auch in diesem Falle auszuüben hat.

2. Wenn in Folge von Erhebungen auf Grund dieses Aktes das Handelsamt oder die Eisenbahnkommission die Ueberzeugung gewonnen haben, dass die vorbezeichneten Einrichtungen oder Arbeiterzüge von einer Eisenbahngesellschaft nicht vorgesehen sind, so hat das Handelsamt oder die Eisenbahnkommission das Recht, die Durchführung solcher Einrichtungen oder Arbeiterzüge nach seinem Ermessen anzuordnen.

3. Wenn an irgend eine Eisenbahngesellschaft unter Berufung auf diesen Akt die Anordnung ergeht, eigene und ausreichende Einrichtungen oder Arbeiterzüge vorzusehen, und diese von ihr zurückgewiesen wird, oder wenn nach Ablauf eines Monates die Eisenbahngesellschaft einem solchen Auftrage nicht nachgekommen ist, so soll das Handelsamt hierüber ein Zeugniss an die „Kommission der inländischen Einkünfte" ausstellen, und mit den Tage der Ausstellung dieses Zeugnisses verliert die Eisenbahngesellschaft die in diesem Akte ihr eingeräumten Beneficien, d. h. sie ist verpflichtet, alle Abgaben von den Fahrpreisen ohne die in diesem Akte gemachten Erleichterungen zu bezahlen, und zwar insolange, bis seitens des Handelsamtes bestätigt wird, dass sie sich den ergangenen Anordnungen gefügt hat.

Wo zwei oder mehrere Eisenbahngesellschaften in Betracht kommen, ist im Zeugniss auszusprechen, ob beiden oder allen, oder einer oder mehreren, beziehungsweise welcher von ihnen das Verschulden zur Last fällt.

4. Eine Eisenbahngesellschaft, an welche vom Handelsamt ein auf die vorliegenden Bestimmungen sich beziehender Auftrag ergeht, kann innerhalb 6 Monate nach Erhalt des Auftrages gegen diesen die Berufung bei der Eisenbahnkommission erheben, welche in dieser Angelegenheit zu entscheiden berechtigt ist.

5. Das Handelsamt oder die Eisenbahnkommission kann die von ihnen ergangenen Anordnungen aufheben und abändern.

Bestimmungen, betreffend speciell bewilligter Entfernungen und betreffend aussergewöhnliche Fahrpreise.

4. 1. Wenn auf Grund einer Parlamentsakte erlaubt ist, eine grössere Anzahl von Meilen, als die faktische Entfernung beträgt, der Berechnung des Fahrpreises zu Grunde zu legen, so ist hinsichtlich der Anwendung der vorliegenden Bestimmungen auch die grössere Entfernung massgebend.

2. Wenn auf Grund einer Parlamentsakte erlaubt ist, besondere oder aussergewöhnliche Fahrpreise für eine bestimmte Strecke einer Eisenbahn einzuheben, so ist diese Strecke hinsichtlich der Behandlung nach den vorliegenden Bestimmungen als eine abgesonderte Eisenbahnlinie anzusehen.

Bestimmungen, betreffend die Theilstrecken unter einer ganzen Meile (21 u. 22 Vict. c. 75.)

5. Fahrpreise, welche für die einfache Fahrt über das Ausmass von 1 penny pro Meile nicht hinausgehen, geniessen die früher angeführte Begünstigung. Ist die zu durchfahrende Entfernung weniger oder mehr als 1 Meile, so darf für jede angefangene halbe Meile nicht mehr als ein halber Penny eingehoben werden, für Kinder zwischen 3 und 12 Jahren nur die Hälfte des Fahrpreises einer erwachsenen Person und für Kinder unter 3 Jahren überhaupt kein Fahrpreis, sofern die oberwähnte Begünstigung Anwendung finden soll. Jedoch kann eine Eisenbahn nicht dazu verhalten werden, für die einfache Fahrt einen geringeren Betrag als 1 penny für jede Person im Alter über 3 Jahre einzuheben.

Beförderung der königlichen Heeresmacht zu reducirten Fahrpreisen.

6. 1. Bezüglich der Beförderung auf Eisenbahnen für öffentliche Zwecke.

a) Jeder Officier oder Mann, welcher Ihrer Majestät Flotte angehört, dann jeder zur Flotte gehörige Freiwillige und jeder unter dem Kommando der Admiralitätsleitung stehende Officier oder Mann;

b) weiters jeder Officier oder Soldat, welcher zu Ihrer Majestät regulären oder Hilfstruppen gehört (im Sinne der Armeeakte 1881 und der zugehörigen Amendements) — insolange dieselben der Militärgerichtsbarkeit unterworfen sind; und

c) jeder Officier oder Mann der Polizeimacht (jeder der Officiere, Soldaten und Mannschaften ist in diesem Akte bezeichnet mit „Streitkräften")

soll auf den Eisenbahnen, bei Vorweisung einer für die Beförderung von Streitkräften ausgestellten „Anweisung" nach den folgenden Bestimmungen sammt dem zugehörigen Gepäck oder den zur Ausrüstung gehörigen Gegenständen, wie Waffen, Munition etc., mit allen personenfahrenden Zügen zu jeder Zeit oder zu den speciell zwischen den Eisenbahngesellschaften und dem Staatssekretäre vereinbarten Zeiten befördert werden:

I. Die Personenwagen sind mit denjenigen Wagenklassen und in derartiger Anzahl beizustellen, wie diese in der „Anweisung" angegeben sind, alle Wagen müssen zum Schutze gegen die Witterungseinflüsse entsprechend eingerichtet sein.

II. Die Fahrpreise müssen im folgenden Verhältnisse zu den Fahrpreisen der Civilreisenden der gleichen Wagenklasse, berechnet für die einfache Fahrt, stehen, und zwar wenn die Anzahl der reisenden Militärpersonen geringer als 150 ist, drei Viertel des Fahrpreises des Civilreisenden, wenn die Anzahl der reisenden Militärpersonen 150 oder darüber ist, so wird für die ersten 150 Reisenden (4 Officiere und 146 Soldaten) drei Viertel, und für alle darüber hinausgehenden Militärpersonen die Hälfte des Civilfahrpreises bezahlt.

III. Diese Bestimmungen finden auch Anwendung auf die Frauen, Wittwen und Kinder der dem Militärstande Angehörigen, und zwar dann, wenn die Reisen solcher Personen auf öffentliche Kosten erfolgen; Kinder unter drei Jahren sind frei, solche über 3 bis 12 Jahre gegen Bezahlung der Hälfte des für die Militärpersonen zu bezahlenden Fahrpreises zu befördern.

IV. An Freigepäck ist für jede Person in der ersten Wagenklasse 100 Pfund, für jede andere Person 50 Pfund zu bewilligen; Uebergewicht ist mit zwei Drittel der Civiltaxen zu bezahlen.

V. Die früher erwähnten Ausrüstungsgegenstände, wie Vorräthe, Waffen, Munition etc. sind gegen Zahlung von 2 penny pro Tonne und Meile, zu befördern.

VI. Schiesspulver und explodirbare Stoffe ist die Eisenbahngesellschaft nur zu den zwischen ihr und der Admiralität oder Ihrer Majestät erstem Staatssekretär vereinbarten Bedingungen zu befördern verpflichtet.

2. Für die Durchführung der genannten Transporte ist die Ausfertigung einer „Anweisung“ im Sinne mit den in Abschnitt 103 der Armeeakte vom Jahre 1881 enthaltenen Bestimmungen erforderlich, oder ein besonderer Befehl, welcher von einer hierzu durch Ihrer Majestät ersten Staatsekretär autorisirten Person gezeichnet sein muss, oder ein Befehl, welcher von einer seitens der Admiralität oder Polizei-Oberbehörde autorisirten Person gefertigt ist.

3. Die Fahrpreise für Militärpersonen sind von der Passagiersteuer befreit.

4. Wenn eine Eisenbahngesellschaft in Folge Vernachlässigung einer vom Handelsamte ihr zugekommenen Anordnung von der Begünstigung des vorliegenden Aktes ausgeschlossen ist, so sind für sie, und zwar auf die Zeit dieser Ausschliessung die Bestimmungen dieses Abschnittes nicht anzuwenden. Jedoch ist eine solche Eisenbahngesellschaft verpflichtet, Militärpersonen und Güter zu befördern nach den vor Errichtung dieses Aktes giltigen Bestimmungen.

Amendement zu Kapitel 79, Ziffer 4 und 7.

7. Der in dem 5. und 6. Jahre Ihrer Majestät Regierung unter Kapitel 79 errichtete Akt mit dem Titel: „Akt betreffend die Aufhebung der von Eisenbahn- und Postreisenden einzuhebenden Abgaben, und die Festsetzung neuer Bestimmungen“ wird hiermit in nachstehender Art amendirt:

a) Anstatt des eidlichen Gelöbnisses, welches im Abschnitt 4 zur Bekräftigung der gelieferten Abrechnung über die von den Eisenbahnreisenden eingehobenen Abgaben verlangt ist, soll jede solche Abrechnung eine Bestätigung der vollständigen und treuen Uebereinstimmung mit der in der Hand jener Person verbleibenden Rechnung erhalten, welche zur Leistung des eidlichen Gelöbnisses laut dem früher genannten Akte verpflichtet war;

b) die Kommission für die inländischen Einkünfte kann einen Dispens von der im Abschnitt 7 enthaltenen Bestimmung ertheilen.

Definitionen.

8. In diesem Akt sind folgende Bezeichnungen mit nachstehender Bedeutung gebraucht:

„Fahrpreis“ bedeutet die Summe Geldes, welche vom Reisenden für Beförderung, Unterkunft, Bequemlichkeiten während der Fahrt eingehoben wird.

„Eisenbahngesellschaft" bedeutet den Eigenthümer, Pächter oder Angestellten irgend einer auf Grund von Parlamentsakten gebauten Eisenbahn.

„Admiralität" bedeutet den Lord-Ober-Admiral des vereinigten Königreiches für die Zeit seiner Amtswirksamkeit oder die Kommission, die seine Rechte auszuüben eingesetzt wurde.

Unter „polizeilicher Gewalt" ist sowohl die Polizei der Hauptstädte, wie jene der Grafschaften, Orte und Plätze verstanden, welche einen abgesonderten Polizeidistrikt für sich bilden.

Unter „Polizeileitung" ist der Staatssekretär oder die Aufsichtscomités, Polizeikommissionen oder jede andere Stelle gemeint, welche im Distrikte die Leitung besitzt.

Für das Handelsamt muss der Präsident oder Sekretär oder einer deren Stellvertreter unterfertigen.

9. Die Wirksamkeit dieses Aktes beginnt mit dem 1. Oktober 1883. **Beginn der Wirksamkeit.**

10. Die im beifolgenden Verzeichnisse enthaltenen gesetzlichen Bestimmungen werden mit dem vorher bezeichneten Tage auser Kraft gesetzt.

11. Dieser Akt ist für Irland nicht giltig.

Auf Grund dieses Gesetzes wurden alle Fahrpreise, welche den Satz von 1 Penny für die englische Meile nicht überschreiten, von der Steuer befreit; ferner sollen auch von den höheren Fahrsätzen, die im städtischen Lokalverkehre erhoben werden, nach Massgabe der Entscheidung des Handelsamtes — es wird der Verkehr einer entsprechenden Anzahl von Arbeiterzügen vorausgesetzt — nur 2 Procent zur Einhebung gelangen. Im Uebrigen blieb es bei dem alten Satze von 5 Procent. Hingegen gewähren die Eisenbahngesellschaften ihrerseits dem Staate eine Ermässigung der Fahrpreise bei der Truppenbeförderung auf $^3/_4$ der üblichen Sätze und für die Zahl, die über 150 Mann hinausgeht, auf die Hälfte der Sätze. Die Einnahmen aus der Truppenbeförderung bleiben von jeder Steuer frei.

Wirkung des Gesetzes vom Jahre 1883.

Die Wirkung des Gesetzes vom Jahre 1883 äussert sich darin, dass die Einnahme auf durchschnittlich 320.000 Pf. gefallen ist, während zu gleicher Zeit die Einnahmen aus der III. Klasse immer mehr in den Vordergrund treten. In neuerer Zeit sind die Bahnen aus eigenem Antriebe in der Herabsetzung der Tarife noch weiter gegangen, als das Gesetz vom Jahre 1883 vorschreibt; die Fahrpreise der III. Wagenklasse sind derart ermässigt worden, dass die Gattung der cheap-trains ausdrücklich von den Bahnen als solche bezeichnet kaum noch vorkommt, ja es wird jetzt bei der überwiegenden Zahl der Züge der Parlamentssatz in der III. Klasse bereits als höchster Satz angewendet, häufig sogar unterschritten[1]).

Wie sich in Folge der wechselnden Auffassung der Bestimmung über die Passagiersteuer die Benützung der einzelnen Klassen im Laufe der Jahre verschoben hat, ist aus folgender Tabelle zu ersehen:

Jahre	Personenverkehr in Millionen	Davon in der		
		I. Klasse	II. Klasse	III. Klasse
		Procent		
1854	111	13	34	53
1873	445	8,5	15	76,5
1881	626	6	11,5	83,5
1886	725	4,4	8,3	87,3
1894	804	3,1	6,9	90

Vom Waarentransport wird in England keinerlei Abgabe auch nicht in Stempelform erhoben[2]).

Die Passagiersteuer ist in England die einzige in Betracht kommende Steuer der Eisenbahnen, welche an den Staat ent-

---

[1]) Das Gesetz kennt nur den Ausdruck cheap trains. Die Bezeichnung parliamentary trains ist mehr die der Umgangssprache; in den Fahrplanbüchern aller Bahnen finden sich beide Benennungen.

[2]) Die Angabe in Wagner's F. W. III, S. 264, die auch in das Handwörterbuch für Staatswissenschaften VI, S. 255, sowie in Schönberg's Handbuch III, S. 519 Eingang gefunden hat, wonach in England eine Stempelabgabe von Frachtbriefen von 6 pence eingehoben wird, ist eine irrthümliche. Ein Frachtbriefstempel ist in England schon deshalb unmöglich, weil Frachtbriefe oder diese ersetzende Urkunden im englischen Bahnverkehr nicht bestehen. Die oben erwähnten 6 pence können sich daher nur auf die im Seeverkehre nöthigen Bill of Lading- (Connossement-) Stempel beziehen.

richtet wird[1]). Dieser Umstand war vielleicht der äussere Anlass, dass diese Steuer in der Finanzwissenschaft als eine Ertragsteuer vom Reinertrage der Eisenbahnunternehmungen be-

---

[1]) Im Jahre 1894 betrug bei den englischen Eisenbahnen

das Reinerträgniss . .	31,3	Millionen Pfund
die direkten Steuern .	2,3	„ „
die Passagiersteuer . .	0,26	„ „

Der auffallend niedrige Steuerertrag erklärt sich daraus, dass die Eisenbahnen in England, abgesehen von der Passagiersteuer, nur für Steuern von lokalen Behörden herangezogen werden. Die Grundidee des englischen Gesetzes besteht darin, dass Jeder, welcher in einem Distrikte ein Gewerbe betreibt (occupied in any district) einer Besteuerung für lokale Zwecke unterliegt, und zwar je nach dem jährlichen Ertrage seiner Beschäftigung. Dieser Ertrag wird als Jahresrente betrachtet, welche ein eventueller Pächter des betreffenden Geschäftes für das Recht der Ausübung zahlen würde. In Schottland wird ein Eisenbahnunternehmen nach diesem Grundsatz als Ganzes einer Schätzung unterzogen und der so gewonnene jährliche Werth durch die Regierung officiell unter die verschiedenen Distrikte, welche die Eisenbahn durchzieht, aufgetheilt. In England jedoch wird der Werth des Unternehmens in jedem Distrikt besonders abgeschätzt. Es ist unnöthig zu erwähnen, dass es unmöglich ist, beispielsweise den Werth einer oder zweier Meilen der Hauptlinie der North Western z. B. im Kirchspiel Buckinghamshire und Warwickshire abzuschätzen. Nach 50 Jahren aber, in denen Hunderte von gesetzlichen Entscheidungen in dieser Richtung gefällt wurden, hat sich in der Praxis ein gewisser Massstab für diese Schätzungen herausgebildet. Eine eingehende Behandlung dieser Sache würde ganze Bände füllen. Hinzugefügt mag werden, dass, obgleich Eisenbahngesellschaften allen Steuern, welche für lokale Zwecke eingehoben werden, unterworfen sind, doch in gewisser Hinsicht, z. B. für sanitäre Zwecke sie nur ein Viertel des Betrages entrichten, mit welchem ein Haus von demselben jährlichen Ertrage besteuert würde. Von dieser allgemeinen Regel giebt es jedoch sehr viele Ausnahmen. Wenn z. B. eine Eisenbahngesellschaft bei dem Parlamente um die Bewilligung des Expropriationsrechtes hinsichtlich eines grösseren Grundkomplexes in London zum Zwecke der Erbauung einer neuen Station einkommt, so verlangen dann gewöhnlich die Londoner Lokalbehörden als Preis dafür, dass sie gegen das betreffende Projekt keinen Einwand erheben, die Aufnahme einer Klausel in den betreffenden Akt, welcher die Gesellschaft zur Entrichtung der vollen Steuer verzeichnet wird. Gewiss unterliegt es keinem Zweifel, dass die Passagiersteuer angesichts der entwickelten Konkurrenz im Eisenbahnverkehre und der hierdurch bedingten Beschränkung in der Ueberwälzung vielfach ertragssteuerartig wirkt. Allein sie ist doch ihrer Entstehung und ihrem Wesen nach als eine Steuer auf den Verkehr aufzufassen.

Cohn hat die Frage, welches denn der Sinn der englischen Passagiersteuer sei, in folgender Weise beantwortet: „Sie trat an die Stelle der Steuer vom Fuhrbetrieb, ihr Sinn war also eine Besteuerung des Gewerbes. Dass dieses Gewerbe, welches schon zur Zeit der Postkutschen ein Monopol durch die Natur des Betriebes geworden war, die ihm zugemuthete Steuer auf die Passagiere wälzte und dann die neuere Form dieser Gewerbesteuer als Passagiersteuer gelegentlich benützte, um offen genug gleich von Parlamentswegen das Recht nachzusuchen, dass der Betrag der Steuer den Höchstfahrpreisen zugeschlagen werde, ist nur ein Fall von der Regel, dass die Steuer von dem Starken auf den Schwachen, so hier von den Eisenbahngesellschaften auf die Reisenden, überwälzt worden ist[1].“

Cohn gelangt daher zu dem Schlusse, dass die Bezeichnung der Steuer als eine Steuer auf die Beförderung unrichtig ist; sie ist eine Steuer auf den Gewinn von dem Eisenbahnmonopol, und zwar eine mässige Steuer. Der beste Beweis hierfür sei mit jenen Thatsachen zu führen, deren sich einst Gladstone bediente, als er im Jahre 1844 den Eisenbahnmännern des Unterhauses und ihrem Wehklagen über den Ruin des Eisenbahnbesitzes durch die Bill, „die Course der Börse“ entgegenhielt; als ferner im Jahre 1870 Lowe, der damalige Schatzkanzler den Vorschlag einbrachte, statt der Passagiersteuer eine Abgabe von 1 Procent auf alle Einnahmen aus dem Eisenbahnbetriebe einzuführen, da änderten sich die Course jeder Bahn genau in dem Verhältnisse, wie es nach der Aen-

---

bindet. Die durch das allgemeine Gesetz den Gesellschaften eingeräumte Begünstigung gilt daher meistens nur in der Theorie.

[1]) Untersuchungen über die englische Eisenbahnpolitik II, S. 310 ff.

derung der Steuer für den Reingewinn auf Grund der alten Tarife sich gestaltet hätte. Ein Steuererlass wäre nichts als ein Geschenk an die Eisenbahnaktionäre, welches sofort kapitalisirt und durch Verkauf realisirt werden könnte, vielleicht nach einigen Monaten Cours-Jobberei zwischen dem Antrage darauf, den Debatten darüber und der Genehmigung desselben.

Wenn man jedoch auf die Ueberwälzungsverhältnisse der englischen Passagiersteuer Rücksicht nimmt, deren wechselreiche Entwicklung wir gerade aus den Untersuchungen Cohn's kennen gelernt haben, so wird man sich sagen müssen, dass die Passagiersteuer, da sie eigentlich weder als eine Steuer auf die Beförderung noch als eine Steuer auf den Gewinn vom Eisenbahnmonopol bezeichnet werden kann, am besten als eine Steuer auf den Eisenbahnverkehr zu charakterisiren ist.

Ertrag der Passagiersteue

Nachstehende Darstellung giebt eine Uebersicht über den Ertrag der Passagiersteuer:

1836	10.000	Pfund Sterling
1840	112.000	„ „
1845	315.000	„ „
1865	445.000	„ „
1883	810.000	„ „
1884	392.000	„ „
1885	357.000	„ „
1886	311.648	„ „
1887	324.461	„ „
1888	324.117	„ „
1889	324.983	„ „
1894	257.739	„ „

Italien.

Mit dem Gesetze vom 6. April 1862 No. 542 (Legge colla quale è stabilita una tassa del 10 p. % sul prezzo dei trasporti a grande velocità sulle strade ferrate) wurde in Italien vom 1. Mai 1862 ab eine Taxe von 10% für Personen und Eilgut eingeführt. Diese Taxe wurde durch das Gesetz vom 14. Juni 1874 No. 1945 (S. II) auf 13 Procent erhöht und gleichzeitig eine Steuer von 2% für Frachtgüter eingeführt.

Ferner ist für jedes Billet und jeden Frachtbrief sowie Personengepäck gemäss § 2 des Art. 20 der Verordnung No. 2077 (Serie 2 a) vom 13. Sept. 1874 eine Gebühr von 5 Centimes zu entrichten.

Nachstehend folgt der Wortlaut der gesetzlichen Bestimmungen:

Gesetz vom 6. April 1862, betreffend Einführung einer Transportsteuer für Personen, Gepäck und Eilgut.

Gesetz vom 6. April 1862 No. 542, mit welchem eine Gebühr von 10% des Preises für Eisenbahntransporte mit grosser Geschwindigkeit festgesetzt wird.

Artikel I. Vom 1. Mai 1862 angefangen werden die Reisenden, deren Gepäck und Eilgutsendungen dem Staate eine Gebühr von 10% des Beförderungspreises zahlen.

Artikel II. Die Eisenbahnverwaltungen sind verpflichtet, diese Gebühr für Rechnung des Staates nebst dem Fahrpreise und gleichzeitig mit demselben einzuheben.

Artikel III. Bruchtheile, welche sich bei der Berechnung der Gebühr ergeben, sind, sobald ein geringerer Betrag als $^1/_{20}$ Lire, mit 5 Cent. anzunehmen.

Gesetz vom 14. Juni 1874, betreffend die Einführung einer Transportsteuer für Waren.

Gesetz vom 14. Juni 1874 No. 1945, betreffend die 2 procentige Taxe auf die Tarife der Frachtgüter.

Artikel I. Die mit Gesetz vom 6. April 1862 No. 547, auf Eilgutsendungen festgesetzte Taxe wird von 10 auf 13 Procent erhöht.

Artikel II. Es wird eine Taxe von 2 Procent auf den Tarif der Frachtgüter für sämmtliche Linien des Reiches festgesetzt.

Artikel III. Für die im obigen Artikel II festgesetzte Taxe bleiben alle Bestimmungen des Gesetzes vom 6. April 1862 No. 542

des Königl. Dekretes vom 14. Juli 1866 No. 3122, und des Gesetzes vom 23. August 1868 No. 4552 in Geltung.

Artikel IV. Wenn der Staat durch Ausgabe eines Freibillets oder ermässigten Billets, welche nicht durch wirkliche eisenbahndienstliche Rücksichten, durch die Bestimmungen des Gesetzes über die öffentlichen Arbeiten, oder durch die Koncessionsakte gerechtfertigt ist, oder aber durch besondere Uebereinkünfte, welche im Widerspruche mit dem Artikel 274 des Gesetzes über die öffentlichen Arbeiten, Ermässigungen bei Bahntransporten gewähren, Schaden erleidet durch Verlust oder Verkürzung der Taxe, von welcher im vorliegenden Gesetze die Rede ist, so ist die Gesellschaft oder der Koncessionär der Eisenbahnlinie, welche das Billet ausgegeben oder diese Uebereinkunft abgeschlossen haben, zum Ersatz der nicht eingehobenen Taxe und überdies zu einer 50 bis 1000 Lire betragenden Geldstrafe verhalten. Es bleibt der Regierung das Recht vorbehalten, den Ersatz bei Liquidation etwa zu leistender Garantie oder Subventionen in Rechnung zu stellen.

Artikel V. Alle Billets bei Gratisfahrten oder zu ermässigten Preisen müssen von einem Juxtenbuch abgetrennt sein und müssen die Concessionäre stets auf Verlangen dieses Buch dem staatlichen Kontrolbeamten zur Einsichtnahme vorzeigen. Die Concessionäre müssen sich überdies allen andern Massregeln und Verordnungen unterwerfen, welche die Regierung zum Zwecke der Vorbeugung oder der Aufdeckung widerrechtlicher Ausgabe von Begünstigungsbillets verfügen wird. Zuwiderhandlungen gegen die Vorschriften dieses Artikels werden mit 50 bis 1000 Lire bestraft.

Artikel VI. Nach Ablauf der im Artikel 2 des Gesetzes vom 23. August 1868 No. 4552 bestimmten 45 Tage ist zur Eintreibung der schuldenden Abgabe bei dem Eisenbahnconcessionäre die Bestimmung des Artikels 1 des Anhanges B des Gesetzes vom 19. April 1872, No. 479 (S. II), anwendbar und der Staatsschatz gebraucht den Vorgang, der im Gesetze vom 26. August 1868 No. 4548, vorgesehen ist.

Artikel VII. Das vorliegende Gesetz tritt zwei Monate nach Publikation in Kraft.

Reglement, betreffend die Einhebung der Staatsgebühren für Eisenbahn-Transporte.

Durchführungs-Verordnung.

Artikel I. Die mit Gesetz vom 14. Juni 1874, No. 1945. festgesetzten Taxen werden von den Bahnverwaltungen als Zuschlag zu den Preisen, welche für Personen-, Gepäck- und sonstige Transporte unter irgend welchem Titel eingehoben werden, eingefordert. Dieser

Taxe unterliegen nicht die Gebühren, welche die Verwaltungen für Uebernahme und Ablieferung vom Domicil oder für Einmagazinirung oder Deponirung der Bahn einheben.

Artikel II. In den Registern der Bahnverwaltungen müssen die Einnahmen aus den Eil- und Frachtgütern, je nachdem selbe aus den Transporttarifen, Zuschlagsspesen und Staatsabgaben resultiren, monatlich separat verrechnet werden. Die Verwaltungen der öffentlichen Pferdebahnen haben alle ihre Einnahmen unter der Kategorie der gewöhnlichen Frachtgüter zu verrechnen.

Artikel III. Zugleich mit der Vorlegung dieser Register haben die Verwaltungen in den ersten 25 Tagen jedes Monates dem Regierungskommissariat, welchem die Ueberwachung obliegt, einen provisorischen Ausweis über ihre eigenen Einnahmen und die vereinnahmien Staatstaxen während des vergangenen Monats in drei Exemplaren vorzulegen. Gleichzeitig ist ebenfalls in drei Exemplaren die definitive Abrechnung über die vereinnahmten Staatstaxen für den vorvergangenen Monat vorzulegen.

Artikel IV. Das Regierungkommissariat wird die beiden Abrechnungen mit seinen amtlichen Rechnungsdokumenten und mit den bei der Bahnverwaltung vorhandenen vergleichen und binnen 15 Tagen ein Exemplar hiervon mit der Richtigkeitserklärung oder mit der ausgebesserten Summe rückerstatten; die anderen zwei diesbezüglichen Exemplare dem Ministerium für öffentliche Arbeiten und der General-Direktion des Staatsschatzes übermitteln, damit von dieser die ihr laut Gesetz vom 22. April 1869 No. M. R. 5086 Artikel 22 obliegende Ueberwachung ausgeübt werden kann, während sie gleichzeitig der kompetenten Finanzintendanz den Betrag der abzuführenden Taxen aufgiebt. Die Bahnverwaltung ist verpflichtet den Betrag der Taxen innerhalb des festgesetzten Termins laut Art. 2, Gesetz vom 23. August 1868, No. 4552 abzuführen. Wenn das Kommissariat nicht rechtzeitig die Abschlussrechnungen geprüft, noch mit seiner Vidirung versehen, rückerstattet haben sollte, hat die Verwaltung den Betrag der Taxe laut ihrer eigenen Aufstellung abzuführen. In diesem Falle hat das Kommissariat die Generaldirektion des Staatsschatzes hiervon zu verständigen.

Artikel VI. Das von dem Regierungskommissar abgegebene Gutachten betreffend die Abrechnungen über die Taxen, befreien jedoch die Bahnverwaltungen nicht von der Haftung für Auslassungen und Irrthümer und die Abrechnungen können immer noch rectificirt werden.

Artikel V. Die Bahnverwaltungen haben innerhalb des im Kommissionsakte festgesetzten Termines oder, falls hierüber nichts bestimmt ist, bis zum April eines jeden Jahres zugleich mit der

Generalabrechnung über ihre Einnahmen separate Abrechnungen über die während des vergangenen Jahres eingenommenen und abgeführten Taxen vorzulegen. Diese Rechnungen werden von dem Ministerium für öffentliche Arbeiten geprüft und untersucht. Die Bemerkungen und Ausbesserungen des Ministeriums werden gegen Bestätigung den Bahnverwaltungen mitgetheilt, welche während eines Monates Zeit haben, ihre Gegenausführungen vorzulegen.

Die definitive Approbation der Jahresabrechnungen obliegt dem Ministerium der Finanzen und für öffentliche Arbeiten.

Artikel VII. Die Abführung der Taxen hat von der Bahnverwaltung bei derjenigen Provinzialkasse stattzufinden, wo die Verwaltung ihren gesetzlichen Sitz hat. Die Kasse giebt die Empfangsquittung unter Verrechnung auf das entsprechende Kapitel des Einnahmen-Budgets. Die Finanzintendanz hat die Eintreibung der Taxen dem Regierungskommissariate zu notifiziren, von welchem sie die Mittheilung über die einzutreibende Summe entgegengenommen hat.

Artikel VIII. Das Regierungkommissariat hat dem Ministerium für öffentliche Arbeiten die von der Finanzintendanz empfangenen Erklärungen zu übermitteln.

Artikel IX. Dem Finanzministerium obliegt es, für die Anwendung der Bestimmungen des Artikels 6, Gesetz vom 14. Juni 1874, gegen jene Bahnverwaltungen, welche nicht innerhalb der festgesetzten Termine Zahlung leisten, zu sorgen.

Artikel X. In den Registern, aus welchen die permanenten oder zeitweisen Freibillets oder die Bons für ermässigte Fahrt entnommen werden sollen, haben die Seiten nummerirt und vom Verwaltungsvorstande parafirt zu sein und haben verschiedene Register für die verschiedenen Arten von Billets oder Bons gehalten zu werden. Diese Register können auf jedesmaliges Verlangen von dem Regierungskommissar oder einem Delegirten des Finanzministeriums geprüft werden. Die oben erwähnten Billets oder Bons können nur in dem Jahre Giltigkeit haben in dem sie ausgegeben wurden.

Artikel XI. Die Taxe auf Billets, welche zu permanenter oder zeitweiser freier Fahrt auf dem ganzen Bahnnetze oder auf bestimmten Linien berechtigen und in Fällen zur Ausgabe gelangen, welche im Artikel 4, Gesetz vom 14. Juni 1874, nicht vorgesehen sind wird berechnet unter Zugrundelegung der Bahntarife für Abonnementskarten. Wenn in den Tarifen die Verwaltung, welche solche Billets ausgegeben hat, Abonnementspreise nicht bestehen, so wird die Taxe nach den höchsten Abonnementspreisen berechnet, welche bei irgend einer der koncessionirten Eisenbahngesellschaften bestehen.

Artikel XII. Die Taxen auf specielle Abmachungen, welche

den Bestimmungen der Artikel 274 und 276, Gesetz vom 20. März 1875 über öffentliche Arbeiten nicht entsprechen, werden in Durchführung des Artikels 4, Gesetz vom 14. Juni 1874, gemäss den in den General- oder Specialtarifen der betreffenden Bahn festgesetzten Preisen eingehoben.

Artikel XIII. Die Beamten der Regierungskommissariate und die Finanzagenten können auf schriftlichen Befehl des Regierungskommissars hin von den Eisenbahnbeamten verlangen, dass sie der Kontrole der Billets der Reisenden beiwohnen, und haben Uebertretungen des Artikels 4, Gesetz vom 14. Juni 1874, durch Verbalprocess festzustellen.

Artikel XIV. Die Regierungskommissariate, welche bei Durchsicht der Schlussabrechnungen auf eine widerrechtliche Ausgabe von Freibillets oder solchen zu ermässigten Preisen oder auf unregelmässige Abmachungen entgegen den Artikeln 274 und 276 oben erwähnten Gesetzes stossen, haben die Verbalaufnahme über die einzelnen Uebertretungen zu Papier zu bringen und hievon sofortige Mittheilung an das Ministerium für öffentliche Arbeiten zu geben, indem sie eine Berechnung über den Betrag der unrechtmässig nicht eingehobenen Taxe und der im Sinne des letzten Paragraphen Artikel 4 des Gesetzes vom 14. Juni 1874 in Rechnung zu stellenden Einnahmen beifügen.

Artikel XV. Transitorische Bestimmungen. Vor dem 21. August 1874 hat jede Bahnverwaltung dem betreffenden Regierungskommissariate vorzulegen.

1. Ein Verzeichniss der Specialabmachungen betreffend Tarifermässigungen, gewährt an Spediteure und Transportpächter für Land- und Seefrachten, welche der Regierungsverwaltung notificirt und von derselben approbirt worden sind. Das Regierungskommissariat hat das Recht, eine Kopie von allen oder einzelnen dieser Abmachungen zu verlangen.
2. Eine Kopie von denjenigen Verträgen, die noch nicht notificirt und approbirt wurden.
3. Ein Verzeichniss der während des Jahres überlassenen Freibillets und solcher zu ermässigten Preisen.

Artikel XVI. Die Billets für freie Fahrt, ob nun dauernd oder für eine einzelne Reise, und die Reisebons zu ermässigtem Preise, welche nach dem 21. August 1874 Geltung haben, müssen vor diesem Datum erneuert werden, falls sie noch nicht aus einem Juxtabuche abgetrennt sein sollten.

Ertrag der Transportsteuern.

Der Ertrag der Transportsteuern ist aus nachstehender Darstellung ersichtlich:

Ergebniss der Transportsteuer im Jahre 1894.

	Reisende[1])	Eilgut, Gepäck etc.	Frachtgüter[2])	Im Ganzen
	Lire	Lire	Lire	Lire
Mittelmeernetz	6.219.401	1.266.052	1.153.054	8.638.507
Adriatisches Netz	4.988.874	1.107.393	1.125.653	7.221.920
Sicilianisches Netz	585.005	63.447	87.873	736.325
Nebenbahnen	980.257	218.687	91.072	1.290.016
Im Ganzen	12.773.537	2.655.579	2.457.652	17.886.768

Ertrag der Stempeltaxe im Jahre 1894.

	Anzahl			Im Ganzen	Anmerkung
	der Karten für Passagiere	der Transporte mit Eilgut	der Transporte mit Frachtgut		
Mittelmeernetz	17.644.809	4.650.869	3.602.806	25.898.484	Für jedes Passagierbillet und für jedes Recepisse, betreffend die Beförderung von Gepäck und Waren sind zu den Tarifen und Steuern L. 0.05 als Stempeltaxe entrichtet worden (§ 2, Art. 20 des k. Decretes No. 2077 (Serie 2a) vom 13. Sept. 1874 Gesammtertrag L. 2.723.118.
Adriatisches Netz	11.532.733	3.330.511	2.831.112	17.694.356	
Sicilianisches Netz	1.807.888	282.595	268.561	2.359.044	
Verschiedene Bahnen	7.370.551	561.199	578.736	8.510.486	
	38.355.981	8.825.174	7.281 215	54.462.370	

Es betrug also der Ertrag der eigentlichen Transportsteuer im Jahr 1894 Lire 17.886.768 und der Ertrag der Stempelabgaben Lire 2.723.118, zusammen 20.6 Mill. Lire.

In den Tarifheften, welche einen integrirenden Bestandtheil der mit den Betriebsgesellschaften abgeschlossenen Verträge bilden, sind die mit dem Gesetze vom 14. Juni 1874 festge-

[1]) Excl. der mit Localzügen beförderten.

[2]) Incl. L. 506 der Mittelmeerb. und L. 1112 des Adriatisches Netz für Passagiere, die mit kleiner Geschwindigkeit mit Localzügen befördert worden sind (Art. 37. des Vertrages).

setzten Staatsabgaben inbegriffen, d. h. die Tarife sind erhöht um 13 % für Transporte mit grosser Geschwindigkeit und um 2 % für Transporte mit geringer Geschwindigkeit[1]).

Bei den Einnahmen jener Personenzüge, welche die Gesellschaft über Aufforderung der Regierung im innerstädtischen Verkehre oder im Localverkehre mit einer Fahrgeschwindigkeit, welche 30 km pr. Stunde nicht überschreitet, errichtet, wird anstatt der Staatsabgabe von 13 % diejenige für Transporte mit kleiner Geschwindigkeit, also 2 % angewendet.

Russland.

In Russland wurde eine Transportsteuer durch das Gesetz vom 30. Dezember 1878 eingeführt, und zwar bei den Fahrkarten I. und II. Klasse mit 25 Procent, die auch den Schnellzugszuschlag betrafen, und bei denen III. Klasse mit 15 Procent. Für Passagiergepäck und Eilgüter war eine Steuer, in der Höhe von 25 Procent der Frachtgebühr festgesetzt.

Durch das Gesetz vom 19./31. Mai 1894 ist die Steuer für Personen, Gepäck und Eilgut auf 15 Procent herabgesetzt worden.

Die Steuer wird von den Bahnverwaltungen allmonatlich nach Schluss der Abrechnung in die betreffende Gouvernementskasse überführt und gleichzeitig gehen specificirte Ausweise an das Eisenbahndepartement des Kommunikationsministeriums zur Prüfung des Verkehres und an die Revisionsabtheilung der Staatskontrole zur Verificirung der Beträge.

Die Einnahme des Staates aus dieser Quelle belief sich pro 1894 auf 9.677.489 Rubel, worunter ungefähr 25 Procent aus der Gepäck- und Eilgutsteuer[2]).

Die einschlägigen gesetzlichen Bestimmungen lauten:

---

[1]) Bei Beförderung von Gepäck und von Waren mit Versicherung wird neben der Versicherungsprämie, eine besondere mit G. vom 8. Juni 1874 festgestellte Steuer eingehoben. Diese Steuer ist eine progressive und bewegt sich zwischen 0.024 L. bis 0.36 L. für je 1000 L.

[2]) Die Finanzen Russlands, von F. Moos, Berlin 1896.

Ukas des Senates vom 30. Dezember 1878 bezüglich der Einführung einer besonderen Gebühr auf Eisenbahn- und Dampfschifffahrtsfahrkarten, sowie auf Eilgut, zu Gunsten des Aerars.

Auf Befehl Seiner Majestät des Kaisers! Dem Senate wurde vom Finanzminister eine allerhöchst sanktionirte Beschlussfassung des Staatsrathes folgenden Inhaltes zugestellt: Der Staatsrath gemeinsam mit dem Departement der Staatsökonomie und der Gesetze verhandelte in öffentlicher Sitzung über eine Vorlage des Finanzministers, betreffend die Einführung einer besonderen Gebühr auf Eisenbahn- und Dampfschifffahrtskarten, sowie auf Eilgut zu Gunsten des Staatsschatzes, und hat beschlossen: Es ist vom 1. Februar 1879 eine besondere Gebühr von Eisenbahn- und Dampfschifffahrtsfahrkarten, sowie vom Gepäck und von Eilgütern zu Gunsten des Aerars auf Grund folgender Normen einzuheben:

Ukas vom 30. Dec. 1878, betreffend die Einführung einer Gebühr für Eisenbahnfahrkarten und Eilgut.

A. Eisenbahnen. Artikel I. Von den Eisenbahnfahrkarten wird zu Gunsten des Aerars ein Zuschlag in der Höhe von 25 Procent des Fahrpreises für die I. und II. Klasse und in der Höhe von 15 Procent des Fahrpreises für die III. Klasse eingehoben.

1. Anmerkung. Der Verkehr auf den Pferdebahnen unterliegt dem durch Artikel I eingeführten Zuschlage nicht.

2. Anmerkung. Sollte irgend eine Eisenbahn Wagen IV. Klasse einführen, so ist der eingeführte Zuschlag nur dann nicht einzuheben, wenn der Fahrpreis dieser Klasse $^3/_4$ Kopeke nicht übersteigt; im Falle jedoch der Fahrpreis $^3/_4$ Kopeke übersteigt, wird auch hier der für die III. Klasse festgesetzte Zuschlag eingehoben.

Artikel II. Der Verkehr mit Sonderzügen unterliegt einer Gebühr von 25 Procent des Fahrpreises, der den Eisenbahnen für solche Züge entrichtet wird.

Artikel III. Frachten, die als Eilgut befördert werden, sowie das Gepäck der Reisenden unterliegen einem Zuschlage von 25 Procent der Transportkosten.

Artikel IV. Von der in den vorhergehenden Artikeln festgesetzten Gebühr werden befreit: Angehörige der Armee und Flotte, Arrestanten, Korrespondenzen, Armeefrachten und überhaupt alle die Personen und Güter, für welche den Eisenbahnverwaltungen der Fahrpreis von der Staatskasse vergütet wird.

Artikel V. Der eingeführte Eisenbahnzuschlag wird von den Agenten der Eisenbahnen gleichzeitig und zusammen mit dem der Gesellschaft gebührenden Fahrpreise eingehoben, wobei alle anderen von der Eisenbahn ausser dem Fahrpreise eingehobenen Gebühren nicht in Anbetracht gezogen werden. Die Summe des Zuschlages zu Gunsten des Aerars vom Eisenbahnverkehre muss auf den Fahrkarten der Reisenden bezeichnet sein, während die Summe des Zuschlages für Güter in den Frachtbriefen bezeichnet werden muss. Bei Berechnung des eingeführten Zuschlages zu Gunsten des Aerars vom Personen- und Frachtenverkehre fallen Brüche unter einer halben Kopeke weg, während dieselben in der Höhe einer halben Kopeke und darüber als ganze Kopeken gerechnet werden.

Artikel VI. Es wird dem Finanzminister anheimgestellt, im Einverständnisse mit dem Kommunikationsminister und dem Staatskontrolor ein ausführliches Reglement über die Rechenschaftsberichtordnung der Eisenbahnen, betreffend die Einhebung des Zuschlages und Kontrolirung desselben seitens der Staatsbeamten, auszuarbeiten, sowie den Termin festzustellen, in welchem jede Eisenbahn den Zollzuschlag einzuliefern verpflichtet ist.

B. Wasserstrassen. Artikel VII. Dem Zuschlage vom Fahrpreise in der im Artikel VIII. festgesetzten Höhe unterliegen: Die Reisenden der Dampfschiffe, welche eine regelmässige Personenverbindung unterhalten, sei es in inneren Fahrstrassen oder zwischen den russischen Meerhäfen.

Anmerkung. Die Bestimmung dieses Artikels bezieht sich auf die Reisenden der kleinen Dampfer (nicht höher als 15 Pferdekraft), welche einen Lokalverkehr unterhalten, nicht.

Artikel VIII. Die Höhe des Zuschlages ist für die Reisenden I. und II. Klasse mit 25 Procent und für die der III. Klasse mit 15 Procent des Fahrpreises zu bemessen. Auf den Dampfern, auf welchen sich nur I. und II. Klasse befinden, haben die Reisenden I. Klasse 20 Procent und die der II. Klasse 15 Procent des Fahrpreises zu entrichten; auf den Dampfern jedoch, wo die Fahrplätze keinen Preisunterschied aufzuweisen haben, zahlen die Reisenden bloss 15 Procent des Fahrpreises.

Artikel IX. Der Fahrpreis, welchen der Staat selbst einigen Dampfschifffahrts-Gesellschaften für Beförderung von Militär, Arrestanten und Staatsbeamten entrichtet, unterliegt dem festgesetzten Zuschlage nicht.

Gesetz vom 19./31. Mai 1894, betreffend die Ermässigung der Transportsteuer.

In Abänderung dieses Gesetzes wurden durch das Gesetz vom 19./31. Mai 1894 (Allg. G.-S. 30. Mai / 11. Juni 1894) nachstehende Bestimmungen getroffen:

1. Für die Personenbeförderung auf den Eisenbahnen wird eine Steuer zu Gunsten der Staatskasse eingehoben, welche die Bahnen mit 15 Procent zu berechnen haben

Anmerk. 1. Für die Beförderung auf Pferdebahnen wird eine Steuer nicht erhoben.

Anmerk. 2. Ebenso sind Wagen IV. Klasse, wenn der Fahrpreis $^3/_4$ Kopeke nicht übersteigt, frei.

2. Für Separatzüge beträgt die Steuer 15 Procent der eingehobenen Gebühr.
3. Güter, welche mit Personen- oder gemischten Zügen befördert werden, unterliegen einer Steuer von 15 Procent.
4. Die Staatssteuer wird gleichzeitig mit dem Fahrpreise bezw. mit der Fracht eingehoben, wobei die Nebengebühren nicht berücksichtigt werden.

Die Staatssteuer ist in den Einheitssätzen des allgemeinen Personentarifs, welcher mit 1./13. Dezember 1894 in Kraft getreten ist, bereits eingerechnet.

Für Frachtbriefe wird eine Stempelgebühr von 10 Kop. eingehoben. Stempelgebühr.

Ungarn.

Angeregt durch den finanziellen Erfolg der Eisenbahntransportsteuer in Frankreich, insbesondere aber in Folge der im Jahre 1874 daselbst eingeführten Transportsteuer für Frachtgüter ist in Ungarn durch den Gesetzcsartikel XX, vom 6. Mai 1875 eine Eisenbahntransportsteuer sowohl für Personen als für Waaren zur Einführung gelangt. Der diesbezügliche Gesetzesentwurf, dessen finanzieller Erfolg mit 2,3 Millionen Gulden berechnet worden war, ist in der Sitzung des ungarischen Abgeordnetenhauses vom 2. April 1875 zur Berathung gelangt. Als Referent fungirte der gegenwärtige Handelsminister Ernst Daniel, während die Vertretung der Regierung durch den Finanzminister Koloman Szell erfolgte. „Meiner Ansicht nach," sagte Szell, „entspricht dieser Gesetzesentwurf jenen Momenten, welche man von jedem Steuergesetzentwurf verlangt, nämlich erstens, dass die Steuer leicht zu handhaben und mit geringen Auslagen einzutreiben sei, und zweitens ist die Steuer gleichmässig und gerecht zu vertheilen, denn nur derjenige zahlt die Steuer, der diese Art von Transportmittel benützt und jedermann zahlt sie gleichmässig und in gleichen Procenten. Durch die 2procentige Erhöhung der Frachtentransporte werden die Produkte durchaus nicht in ihrer Konkurrenzfähigkeit leiden.

Diese war bei dem früheren hohen Agio von 20—25% weit grösseren und weit höheren Gefahren ausgesetzt.“ Koloman Tisza sagte: „Was den vorliegenden Gesetzentwurf betrifft, so wird behauptet, dass er die Industrie, den Handel zu Grunde richten werde; es wird gesagt, dass wir für unsere Eisenbahnen grosse Opfer brachten und jetzt deren Früchte aufs Spiel setzen. Wollen Sie doch die Sätze ansehen. Die Besteuerung für den Lastverkehr ist so geringfügig, dass sie die Fracht für eine Last, welche von einem Ende Ungarns bis zum anderen befördert wird, höchstens um 2 Kreuzer per Centner erhöht, und das wird den Verkehr nicht zu Grunde richten. Als der Handel Ungarns am besten stand und die Eisenbahntransporte die grösste Höhe erreicht haben, da waren die Gebühren für die Personen und Frachten viel höher, als sie heute sind und trotz der projektirten Steuer sein werden.“ Auf die Bemerkung des Abgeordneten Simonyi, dass der Hinweis auf Frankreich nicht zutreffend sei, da der Handel dort viel entwickelter ist, erwiderte Szell: „Was die Berufung auf Frankreich betrifft, so gebe ich der Hoffnung Ausdruck, dass, wie dort auch bei uns die Besteuerung der Transporte den Verkehr nicht schädigen werde.“ Eine gössere Diskussion führte der Antrag Iranyi's herbei, „die Passagiere vierter Wagenklasse von der Steuer zu befreien, die Passagiere dritter Klasse mit 10 oder 5 Procent und die erster oder zweiter Klasse mit 10 Procent zu besteuern. Endlich verlangte er, dass wie in Frankreich auch hier, der Transit und Export von der Steuer befreit werde. Dem gegenüber bemerkte Max Falk, „dass ein dem Iranyi'schen ähnlicher Gedanke auch in Frankreich ventilirt wurde. Es handelte sich um den Vorschlag, die Besteuerung auf die erste und zweite Wagenklasse zu beschränken, als im Jahre 1871 der Zuschlag von 10 Procent auf Personen- und Eilgütertransporte gelegt wurde. Dieser Vorschlag sei jedoch sofort fallen gelassen worden, nachdem es sich gezeigt habe, dass die erste Klasse ohnehin nicht besonders ins Gewicht falle, und eine Besteuerung der I. und II. Klasse unter Freilassung der dritten Klasse nur zur Folge haben würde, dass sich der Personenverkehr der dritten Klasse zuwenden würde. Dadurch würden selbstverständlich die Einnahmen der Eisenbahnen verringert. Diese Gründe gelten auch für Ungarn."

Auf Grund des vom ungarischen Reichstage beschlossenen Gesetzes, welches am 6. Mai 1875 die Sanktion erhielt, wurde die Transportsteuer für Personen und Reisegepäck mit 10 %, für Eilsendungen mit 5 %, für Frachtsendungen mit 2 % der Tranportgebühren festgesetzt.

Durch den Gesetzartikel LXI vom Jahre 1880 wurde die Steuer für Personen von 10 auf 15 und für Frachten von 2 auf 3 % erhöht.

In dem Finanzexposé zu dem Staatsvoranschlage für das Jahr 1887 gab Finanzminister Graf Szapary die Absicht der Regierung, die Transportsteuer zu erhöhen, bekannt. Die Begründung des Finanzministers richtete sich auf den allgemeinen Nachweis der Nothwendigkeit einer Herabminderung des Deficites sowie auf die Unschädlichkeit der beabsichtigten Steuererhöhung für den Export.

Der am 24. December 1886 eingebrachte Gesetzentwurf führt in seiner Begründung im Wesentlichen folgendes aus: Die bedeutenden Opfer, welche der Staat im Interesse der Kommunikation und besonders der Ergänzung des Eisenbahnnetzes gebracht habe, lassen es billig erscheinen, dass bei der Auftheilung der staatlichen Lastentragung wenigstens ein Theil der Lasten auf den mit grossen Opfern geschaffenen Verkehr und namentlich auf den Eisenbahn- und Dampfschifftransport überwälzt werde. Die weitere mässige Erhöhung der mit dem Gesetzartikel XX vom Jahre 1875 eingeführten und mit Gesetzartikel LXI vom Jahre 1880 erhöhten Transportsteuersätze biete, abgesehen von dem Principe der gerechten Lastenauftheilung auch vom volkswirthschaftlichen und Verkehrsstandpunkte keinen Grund zu einem Bedenken, vielmehr werde dieselbe ohne Schädigung dieser Gesichtspunkte bis zu einem gewissen Grade ohne jede Rückwirkung durchführbar sein. Schon in der Begründung des Gesetzartikels LXI vom Jahre

1880 wurde angeführt, dass der von den Eisenbahnen früher im Sinne ihrer Koncessionsurkunden eingehobene 17—18 % betragende Silberagiozuschlag, welcher die Eisenbahngebühren um den gleichen Procentsatz erhöhte, seither ganz aufgehört habe, so dass im Verhältnisse zum früheren Zustande die Frachtsätze auch trotz der Einführung der Transportsteuer als mässige zu betrachten sind. Im Verhältnisse zum früheren Zustande gestalte sich übrigens die Lage nicht nur durch das Wegbleiben des Silberagiozuschlages, sondern insbesondere durch die für viele Waaren und Relationen erfolgte Herabsetzung der Frachtsätze, Aufstellung direkter Verbandtarife, hauptsächlich aber durch die Garantirung der Unabhängigkeit der ausländischen Verkehrsrouten günstig. Die Konkurrenzfähigkeit der Waaren erscheine sonach gesichert, obwohl aus der neuerlichen Erhöhung der Transportsteuersätze eine bedeutende Einnahmenvermehrung resultire. Es wird beantragt, die Transportsteuersätze für den Personentransport von 15 auf 16 %, für den Frachtentransport von 3 auf 5 % zu erhöhen.

Die Rückwirkung der geplanten Erhöhung wurde in folgender Weise illustrirt: Bei einem Gesammtfrachtsatze von 1,03 fl., wovon gegenwärtig auf die Eisenbahnfracht 1 fl. und auf die Transportsteuer 3 kr. entfallen, wird der Frachtsatz mitsammt der 5 %igen Steuer 1,05 fl., daher die Erhöhung 2 kr. betragen. In der Wirklichkeit wird die Erhöhung noch geringer sein, weil bei den Exportsendungen der Frachtsatz der ausländischen Strecke unverändert bleibt und die Steuererhöhung gleich zu der bis zur Bestimmungsstation der Waare im In- und Auslande zu zahlenden Gesammtfracht in Relation zu bringen wäre. Es werden hierauf einige praktische Beispiele angeführt. Ein Metercentner Holz zahlt gegenwärtig von Marmaros Sziget nach Fiume 136,78 kr,; nach der Erhöhung würde zu zahlen sein 139,44, daher um 2,66 kr. mehr. Ein Metercentner Weizen von Klausenburg nach Budapest zahlt gegenwärtig 100,42 kr., nach der Erhöhung 102,37 kr., daher + 1,95 kr.

Auch der Eilgutverkehr würde eine Steuererhöhung vertragen. Nachdem jedoch nur ein relativ geringer Theil der Einnahmen der Verkehrsanstalten auf Eilguttransport entfällt und hiedurch zumeist Lebensmittel alterirt würden, wurde von einer Erhöhung der Steuern abgesehen.

In Betreff des financiellen Ergebnisses der Steuererhöhung wurde angeführt: das dreijährige Ergebniss von 1883 bis 1885 zur Grundlage genommen, würde aus der Erhöhung im Durchschnitt eine Mehreinnahme von ca. 1,2 Mill. Gulden resultiren.

Im Laufe der parlamentarischen Berathung wurden die Vorschläge der Regierung dahin abgeändert, dass die Transportsteuer für Personen und Reisegepäck mit 18 %, für Eilgüter mit 7 %, und für Frachtgüter mit 5 % der Transportgebühren festgestellt wurde.

Die Transportsteuer wird in Ungarn so budgetirt, dass die königlichen Staatsbahnen dieselbe direkt an die Staatskasse abführen. Nachdem die Eisenbahnen in Ungarn zum weitaus grössten Theile in den Händen des Staates sich befinden, so drängt sich von selbst die Frage nach den Ursachen der Aufrechterhaltung dieser Steuer auf. Liegt doch die Einwendung, dass der durch die Transportsteuer beabsichtigte finanzielle Effekt durch eine Tariferhöhung einfacher bewerkstelligt werden könnte, sehr nahe. Es muss nun dahingestellt bleiben, ob die Transportsteuer in Ungarn nur deshalb aufrecht erhalten wird, weil sie die Möglichkeit verleiht, die wenigen noch bestehenden Privatbahnen (Südbahn) zu einer erhöhten Steuerleistung heranzuziehen, oder ob die Aufrechterhaltung dieser Steuerkategorie vielleicht auf die später noch zu berührenden prinzipiellen Erwägungen zurückzuführen ist, welche sich mit den der Transportsteuer auch im Rahmen des Staatsbahnsystems zukommenden Funktionen beschäftigen werden.

Nachstehend folgt der Wortlaut der einschlägigen gesetzlichen Bestimmungen:

Gesetzartikel 20 über die Besteuerung der Benutzung des Eisenbahn- und Dampfschiff-Transportes.

Gesetz vom 6. Mai 1875 über die Besteuerung des Eisenbahntransportes.

(Sanktionirt am 6. Mai 1875. Kundgemacht im Abgeordnetenhause am 14. Mai, im Oberhause am 18. Mai 1875.)

Für die Benützung des Eisenbahn- und Dampfschifftransportes innerhalb der Grenzen der Länder der ungarischen Krone haben die Reisenden und diejenigen Personen, welche Frachten absenden, beziehungsweise übernehmen, die in dem nachfolgenden Paragraph festgestellten Steuersätze zu entrichten:

§ 1. Sowohl auf Eisenbahnen als Dampfschiffen ist zu entrichten:

a) Für den Personentransport 10 Procent der Fahrtaxe;

b) für die Beförderung von Reisegepäck 10 Procent der Frachtgebühr, welche für das das Freigewicht des Reisegepäckes übersteigende Uebergewicht eingehoben wird;

c) für Separatpersonenzüge und Separatschiffe 10 Procent der gesammten Beförderungsgebühr;

d) für Eilsendungen 5 Procent, für Frachtsendungen 2 Procent der Transportgebühr;

e) auf Dampfschiffen für eine Separatkabine — und auf Eisenbahnen für ein als Schlafstelle dienendes Wagenkoupé 10 Procent des bezüglichen Preises.

Bei Berechnung dieser Steuersätze ist zu den in obigen Punkten angeführten Gebühren und Preisen stets auch die Manipulationsgebühr und der jeweilige Agiozuschlag hinzuzurechnen.

Sollte ein solcher Zuschlag von manchen Unternehmungen oder für gewisse Transporte nicht eingehoben werden, so ist die Steuer lediglich auf Grund der durch die Unternehmung eingehobenen oberwähnten Gebühren und Preise, sowie der Manipulationsgebühr zu bemessen.

§ 2. Alle diese Steuersätze sind durch die Dampfschiff und Eisenbahnunternehmungen von den Reisenden, beziehungsweise Absendern oder Uebernehmern der Frachten einzuheben und an die betreffende Staatscassa abzuführen.

§ 3. Die im § 1 bestimmten Steuersätze sind zu den in den Gebührentarifen der Unternehmungen festgestellten Fahr-, Fracht und Manipulationsgebühren hinzuzurechnen, mit diesen in einer Gesammtsumme in den Gebührentariftabellen zur öffentlichen Kenntniss zu bringen und sammt dem im Sinne des § 1 zu berechnenden Agiozuschlage zu entrichten.

Die derart verfassten Gebührentarife sind der Regierung vorzulegen.

§ 4. Bei Berechnung des im Grunde dieses Gesetzes zu entrichtenden Steuerbetrages sind Kreuzer-Bruchtheile, wenn dieselben bei Fahrgebühren einen halben Kreuzer, bei Transportgebühren dagegen $^1/_2$Zehntel eines Kreuzers nicht übersteigen, unberücksichtigt zu lassen, wenn sie jedoch diese Beträge übersteigen, auf einen ganzen Kreuzer, beziehungsweise ein Zehntel eines Kreuzers zu ergänzen.

§ 5. Diejenigen, welche eine Tarifbegünstigung geniessen, haben nur den nach dem begünstigten Tarifsatze, der Manipulations-Gebühr und dem Agiozuschlage entfallenden Steuerbetrag zu entrichten.

§ 6. Die in diesem Gesetze bestimmte Steuer haben nicht zu entrichten:

a) der königl. Hofstaat;

b) die auf Grund der üblichen Militärtransportscheine stattfindenden Personen- und Frachttransporte der gemeinsamen Armee und der Landwehr;

c) die Eisenbahn- und Dampfschiffunternehmungen in Betreff jener Frachtgüter, welche ausschliesslich für die eigenen Baulichkeiten, zum Ausbaue, oder zur Erhaltung solcher Gegenstände, welche der Unternehmung gehören, oder endlich für den Betrieb derselben bestimmt sind, und von einer ihrer Eisenbahn- oder Dampfschiffstationen zur anderen befördert werden;

d) die Strassenbahnen;

e) die den Personenverkehr zwischen der Hauptstadt und einzelnen Theilen derselben vermittelnden Dampfschiffe und Eisenbahnen.

§ 7. Die für den Transport auf Eisenbahnen und Dampfschiffen den bestehenden Gesetzen und Vorschriften gemäss zu entrichtenden Stempelgebühren werden auch fernerhin unverändert aufrecht erhalten.

§ 8. Die Dampfschifffahrts- und Eisenbahnunternehmungen sind verpflichtet, binnen 14 Tagen nach Ablauf eines jeden Monats und unter Vorbehalt der nachträglichen Ausgleichung vorläufig den dem Personen-, beziehungsweise Gepäck-, Eilgut- und Frachtentransportverkehre im gleichen Monate des Vorjahres entsprechenden Steuerbetrag an die Staatskassa zu entrichten, die tabellarischen Verkehrsausweise für den betreffenden Monat dagegen, in welchen die steuerpflichtigen Transporte, die Einnahmen für dieselben und die hiernach auf Grund des gegenwärtigen Gesetzes eingehobene Steuer nach abgesonderten Rubriken für den Personen-, Reisegepäck-, Eilgut- und Frachtentransport summarisch ersichtlich zu machen sind — längstens binnen drei Monaten an die durch den Finanzminister zu bezeichnende Finanzdirektion einzusenden.

Unternehmungen deren Betrieb sich auf österreichisches Staatsgebiet oder das Ausland erstreckt, sind gehalten, in diesen Ausweisen unter Ansetzung der bezüglichen Steuersumme jene Beträge ersichtlich zu machen, welche in den fraglichen Staatsgebieten für die Benutzung des innerhalb der Grenzen der Länder der ungarischen Krone stattgefundenen Eisenbahn- oder Dampfschifftransportes gezahlt worden sind.

Der diesem Ausweise zufolge allenfalls mehr eingezahlte Betrag ist der betreffenden Unternehmung sogleich zurückzuerstatten, der sich ergebende Abgang jedoch durch dieselbe gleichzeitig zu ergänzen.

Der tabellarische Ausweis muss mit den Originalaufschreibungen und Büchern der Unternehmung übereinstimmen. Für die Richtigkeit desselben haften sowohl die Unternehmungen, als auch die Geschäftsleiter der Gesellschaft, und die Finanzdirektion ist berechtigt, die Ausweise durch ein hiermit betrautes Organ mit den Büchern oder Aufschreibungen der Unternehmung vergleichen zu lassen.

§ 9. Steuerbeträge, welche durch die betreffende Unternehmung binnen der im § 8 festgesetzten Frist nicht eingezahlt werden, sind sammt den 8 Procent Verzugszinsen für die Zeit der Versäumniss auf gleiche Weise wie die direkten Steuern einzutreiben.

§ 10. In dem Eisenbahn- und Dampfschiffverkehre, welcher zwischen den Stationen innerhalb der Länder der ungarischen Krone, und zwar ohne Berührung des ausserhalb der Landesgrenzen liegengen Gebietes stattfindet, tritt gegenwärtiges Gesetz am ersten Tage desjenigen Monates, welcher nach Ablauf des auf die Sanktionirung folgenden Monates folgt — bezüglich der gesammten Bestimmungen dagegen am ersten Tage desjenigen Monates in Wirksamkeit, welcher nach Ablauf von drei Monaten nach der Sanktionirung folgt.

§ 11. Bis zum Eintritte der Wirksamkeit aller Bestimmungen des gegenwärtigen Gesetzes wird der Finanzminister sowohl bezüglich der an die Staatskassa erfolgenden Einzahlungen jenes Steuerbetrages, welcher ausschliesslich den Verkehr innerhalb der Landesgrenzen betrifft, als auch bezüglich der diesfälligen Abrechnung den Zeitpunkt und die Modalitäten im Verordnungswege bestimmen.

§ 12. Mit dem Vollzuge des gegenwärtigen Gesetzes wird der Finanzminister, sowie der Minister für öffentliche Arbeiten und Kommunikationen beauftragt.

Dieses Gesetz hat eine Abänderung erfahren durch den Gesetzartikel 61 vom Jahre 1880 sowie durch den nachfolgenden

Gesetzartikel 14 vom Jahre 1887, betreffend die Besteuerung der Benutzung des Eisenbahn- und Dampfschifffahrttransportes.

(Sanktionirt am 2. April 1887. — Kundgemacht in der Landesgesetzsammlung am 9. April 1887.)

§ 1. Der Gesetzartikel 61: 1880 wird ausser Kraft gesetzt.

Gesetz vom 2. April 1887, betreffend die Erhöhung der Transportsteue

§ 2. Der Anfang des Gesetzartikels 20 : 1875, sowie des § 1 wird folgendermassen abgeändert:

Für die Benutzung des Transportes innerhalb des Gebietes der Länder der ungarischen Krone, auf Eisenbahnen und Dampfschiffen, ferner auf mit solchen Schiffspatenten zu versehenden sonstigen Wasserfahrzeugen, auf welchen fremde Personen und Waaren gegen Einhebung einer Gebühr und mittels Dampfzugkraft befördert werden, haben die Reisenden und Spediteure, beziehungsweise die Uebernehmer, eventuell Aufgeber der Speditionen folgende Steuersätze zu entrichten:

a) Für die Personenbeförderung 18 Procent der Frachtgebühr;

b) für die Beförderung des Reisegepäckes 18 Procent der nach dem den portofreien Theil des Reisegepäckes übersteigenden Mehrgewichte berechneten Gebühr;

c) für Personenseparatzüge und Separatdampfschiffe 18 Procent der gesammten Transportgebühr;

d) für Eilgüter 7 Procent der Transportgebühr, für Frachtgüter 5 Procent der Gebühr;

e) auf Dampfschiffen für die Miethe der Kabinen, auf Eisenbahnen für die Miethe des als Schlafstelle dienenden Coupès 18 Procent der Miethgebühr.

Bei der Berechnung dieser Steuersätze sind zu den in den obigen Punkten aufgezählten Gebühren und Miethbeträgen auch die Manipulationsgebühr und der jeweilige Agiozuschlag hinzuzurechnen.

Inwieferne solche Zuschläge von einigen Unternehmungen oder nach gewissen Transportgattungen nicht eingehoben werden, ist die Steuer bloss nach den durch die Unternehmung thatsächlich eingehobenen oberwähnten Gebühren, Miethbeträgen und Manipulationsgebühren zu bemessen.

§ 3. Der § 6 des Gesetzartikels 20: 1875 wird folgendermassen modificirt:

Mit der durch dieses Gesetz festgesetzten Steuer werden nicht belegt:

a) der königliche Hof;

b) die Personen-, Eilgüter und sonstigen Frachtentransporte der gemeinsamen Armee (der Marine) und der Honvédschaft, insoferne der Transport auf Grund der üblichen Militärtransportdokumente erfolgt;

c) die Eisenbahn- und Schiffsunternehmungen in Bezug auf jene Güter, welche sie ausschliesslich zu eigenen Bauzwecken, zum Ausbau und zur Erhaltung der Objekte der Unternehmung oder endlich als zum Eisenbahn- beziehungsweise Schifffahrtsbetrieb gehörig, von einer ihrer eigenen Eisenbahn- oder Schiffsstationen zur anderen befördern; dagegen erstreckt sich die Steuerfreiheit nicht auf jene Güter, welche, obgleich sie das Eigenthum der Unternehmung bilden, doch nicht streng genommen zum Geschäftskreise der Eisenbahn- oder Schifffahrtsunternehmungen gehören;

d) die Strassenbahnen;

e) die zwischen den einzelnen Theilen der Hauptstadt und ihrer Grenze den Personentransport vermittelnden Dampfschiffe und Eisenbahnen;

f) jene Ueberfuhren, bei welchen der Ueberfuhrverkehr mittels Dampfkraft aufrecht erhalten wird.

§ 4. Wenn der Schiffstransport nicht zu den regelmässigen, publicirten Gebührensätzen, sondern gegen eine besonders vereinbarte Summe geschieht, ist die Schiffsunternehmung verpflichtet, innerhalb des im § 8 des Gesetzartikels 20:1875 bestimmten vierzehntägigen Termines nach der bedungenen Transportgebühr die laut § 2 des gegenwärtigen Gesetzes entfallende Steuer an die Staatskassa abzuführen und spätestens binnen drei Monaten auch postenweise die Ausweise der zur Grundlage der Steuer dienenden vereinbarten Summen der vom Finanzminister zu bezeichnenden Finanzdirektion einzusenden.

§ 5. Bei solchen Transporten der Eisenbahn- und Schiffsunternehmungen, welche nicht gemäss des obigen § 3 von der Steuer befreit sind, bildet die Grundlage der nach § 2 zu entrichtenden Transportsteuer die in den eigenen Büchern etwa besonders angewiesene Transportgebühr, wenn aber eine solche Transportgebühr nicht separat ausgewiesen ist, die eigenen Regiesätze, und sind die Eisenbahn- und Schifffahrtsunternehmungen dem § 8 des Gesetzartikels 20:1875 entsprechend gehalten, auf Grund der in ihren eigenen Büchern aufgerechneten Transportgebühr oder der eigenen Regiesätze die gemäss des § 2 des gegenwärtigen Gesetzes entfallende Steuer an die Staatskassa abzuführen, und die Transporte nach Gattungen und Quantitäten unter Bezeichnung der Transportroute und der eigenen Regiesätze spätestens binnen drei Monaten auszuweisen.

§ 6. Ausländische Schifffahrtsunternehmungen sind nach dem auf dem Gebiete der Länder der ungarischen Krone veranlassten Personen- und Waarentransporte die Transportsteuer ebenfalls zu entrichten verpflichtet. Wenn die ausländische Unternehmung auf dem Gebiete der Länder der ungarischen Krone keinen im Sinne des § 3 des Gesetzartikels 20:1875 vorgelegten Tarif hat, ist der im Inlande wohnhafte Aufgeber oder Uebernehmer der transportirten Waare die Transportsteuer von Fall zu Fall zu entrichten verpflichtet. Zu diesem Zwecke muss der Aufgeber oder Unternehmer spätestens binnen 24 Stunden von der Aufgabe oder Uebernahme gerechnet die Gattung und Quantität der Waare, die innerhalb des Gebietes der Länder der ungarischen Krone fallende Transportroute und die nach dieser Route entfallende Transportgebühr dem zu diesem Zwecke entsendeten Finanzorgane, oder wenn ein solches nicht entsendet ist, der Gemeindevorstehung von Fall zu Fall zu fatiren und die nach § 2 entfallende Transportsteuer an der von dieser bezeichneten Kassa entrichten.

Auf eben diese Weise sind auch die Eigenthümer der im § 2 umschriebenen sonstigen Wasserfahrzeuge verpflichtet, von Fall zu Fall die Fatirung zu vollziehen und die Steuer allsogleich zu entrichten. Die Grundlage der Steuer bildet in diesen Fällen die volle Summe der Transportgebühr und können von letzterer nur jene Summen in Abzug gebracht werden, welche der Schiffseigenthümer für die Inanspruchnahme der Dampfzugkraft einer anderen Transportunternehmung zahlt und nach welchen Summen diese Transportunternehmung die Steuer zu entrichten verpflichtet ist.

§ 7. Für die wie immer geartete Verkürzung der Transportsteuer sind die Eigenthümer der Eisenbahn- und Schifffahrtsunternehmungen, sowie deren Direktoren und exmittirten Vertreter solidarisch (bei von ausländischen Schifffahrtsunternehmungen veranlassten Transporten die im Inlande wohnhaften Aufgeber oder Uebernehmer der Waaren individuell) verantwortlich und bei einer Verkürzung ausser der nach dem Gesetze entfallenden Transportsteuer im Wege des Gefällsstrafverfahrens mit dem zehn- bis zwanzigfachen Betrage der verkürzten Steuersumme zu bestrafen.

§ 8. Die durch dieses Gesetz nicht modificirten Bestimmungen des Gesetzartikels 20:1875 bleiben auch ferner in Geltung.

§ 9. Den Tag des Inslebentretens des gegenwärtigen Gesetzes bestimmt der Finanzminister im Einverständnisse mit dem königlich ungarischen Minister für öffentliche Arbeiten und Kommunikationen.

§ 10. Mit dem Vollzuge dieses Gesetzes werden der Finanzminister und der Minister für öffentliche Arbeiten und Kommunikationen betraut.

Der Ertrag der Transportsteuer ist im Staatsveranschlag für das Jahr 1897 mit 5.76 Mill. Gulden eingestellt. Ertrag der Transportsteu(

Neben der Transportsteuer wird in Ungarn analog wie in Oesterreich[1]) sowohl für Personenfahrkarten als für Frachtbriefe eine Stempelgebühr eingehoben, deren Ertrag im Jahre 1895 mit fl. 361 020 ausgewiesen wurde.

Oesterreich.

Im Jahre 1876 veröffentlichte der nachherige ungarische Handelsminister v. Lukacs ein Werk über das Steuerwesen Oesterreichs und Ungarns, in welchem er sich über die kurz vorher in Ungarn eingeführte Transportsteuer äusserte: „Diese Steuergattung ist eine sehr ergiebige, ihre Einhebung verursacht fast gar keine Kosten und trägt der Staatskasse über 2 Millionen Gulden jährlich, ohne dass diese Belastung durch die Bürger stark empfunden würde. Es besteht kein Zweifel, dass Oesterreich diese Steuern ebenfalls einführen werde, sowie wir über die Quotenfrage hinweg sind.“ Dieser Ansicht ist auch im ungarischen Abgeordnetenhause Ausdruck gegeben worden, indem man daselbst annahm, Oesterreich wolle nur mit Rücksicht auf den Ausgleich eine geringere Steuerbelastung ausweisen, werde jedoch die erste Gelegenheit ergreifen, um sich auch seinerseits diese Steuerquelle zu eröffnen. Diese Annahme erwies sich als nicht zutreffend. Erst im Jahre 1892 nahm der Gedanke der Einführung einer Transportsteuer in Oesterreich eine konkrete Gestalt an. Die im Jahre 1891 durchgeführten grossen Tarifreduktionen hatten sich, so sehr sie anfangs als eine grosse wirthschaftspolitische That gepriesen wurden, nachträglich als verfehlt erwiesen. Die Ermässigung der Tarife hatte einen Einnahmeausfall im Gefolge, der vom Standpunkte der allgemeinen Finanzen umsoweniger ertragen werden konnte als schon damals die Besorgniss auftauchte, das ermässigte Tarifniveau könnte sich von ungünstigem Einfluss auf die Entwicklung der Handelsbilanz erweisen. Die damalige Regierung, in welcher Dr. Emil Steinbach das Finanz-

---

[1]) Siehe S. 84 ff.

portefeuille inne hatte, trug sich mit dem Gedanken, dem Abgeordnetenhause ein breit angelegtes wirthschaftliches Programm vorzulegen, welches jedoch die Bedeckung des Ausfalls im Staatseisenbahnbetriebe zur Voraussetzung hatte. Zu diesem Zwecke wurde die Einführung einer Transportsteuer ins Auge gefasst, aus deren Einnahmen die Tauernbahn, die Karawankenbahn, der Donau-Oder-Kanal sichergestellt und endlich die Regelung der Beamtengehalte durchgeführt werden sollte. Es blieb kein Geheimniss, dass die Regierung bereits einen Gesetzentwurf ausgearbeitet hatte, welchem ein Satz von 10 Procent für Personen und Gepäck, 7 Procent für Eilgüter und 5 Procent für die Frachtgüter zu Grunde lag. Der finanzielle Effekt aus der Durchführung dieses Gesetzes war auf Grund der Eisenbahneinnahme des Jahres 1891 mit ca. 15 Millionen Gulden jährlich veranschlagt worden. Während der Plan der Regierung in den parlamentarischen Kreisen mit einem gewissen Interesse aufgenommen wurde, begegnete derselbe, wie nicht anders zu erwarten war, dem lebhaften Widerspruche seitens der Interessentenkreise. Die Handelskammern, an ihrer Spitze die von Wien, sprachen sich mit Entschiedenheit gegen das Projekt aus. Die Wiener Kammer sagte, sie könne sich ihrer Pflicht nicht entziehen, ihre Stimme zu erheben, um vor einem Schritte zu warnen, dessen Folgen sich für die Entwicklung des Gesammtverkehrs schädigend und hemmend erweisen müssten. „Die Steuer, deren finanzwissenschaftlicher Charakter selbst unklar sei, scheine wirthschaftlich der Existenzberechtigung zu entbehren.“ Auch Erwägungen internationaler Natur wurden gegen die Transportsteuer vorgebracht und des weiteren ausgeführt: „Die Transportsteuer wirke beim Importe theils wie ein Schutzzoll, theils wie ein Finanzzoll; umgekehrt erschwere die Transportsteuer auch unseren Export, indem sie auf die weiteren Distanzen, auf welche bereits eine grössere Fracht besteht, noch drückender wirken müsse, als auf den kürzeren Bahnverkehr.“ Man wird zugeben müssen, dass jedes einzelne dieser Argumente nicht sowohl gegen die Transportsteuer als gegen eine Tariferhöhung überhaupt hätte angeführt werden können. Und doch ist die kurze Zeit später erfolgte Tariferhöhung auf den österreichischen Staatsbahnen, welche nicht 5 Procent, sondern 10—20 Procent betrug, ohne jeden Widerspruch aufgenommen worden. Es drängt sich aber von selbst die Frage auf, ob der beabsichtigte finanzielle Effekt mit der Erhöhung der Tarife auch wirklich erreicht wurde: Die Antwort ergiebt sich aus folgender Gegenüberstellung. Das Jahr 1891, in welchem (1. Juli) die Tarifermässigung auf den Staatsbahnen durchgeführt wurde, hat eine Verzinsung von 2,57 Procent des investirten Kapitals ergeben; im Jahre 1892 (15. Juli) wurde mit der Tariferhöhung begonnen, diese 1893 fortgesetzt und als finanzieller Effekt ist für das Jahr 1895 eine geringere Verzinsung des Anlagekapitals, nämlich 2,53 Procent, zu verzeichnen als im Jahre 1891. Ob die im Jahre 1896 erfolgte weitere Erhöhung des Gütertarifes an dem bisherigen Ergebniss etwas ändern wird, muss angesichts der im Eisenbahnbetriebe wahrzunehmenden fortgesetzten Tendenz der Ausgabensteigerung wohl bezweifelt werden.

Diese Ergebnisse der Staatsbahnpolitik haben vielfach zu ernsten Betrachtungen herausgefordert und ihren Reflex sowohl in der Literatur[1]) als auch im Parlamente gefunden. Speciell J. Kaizl gebührt das Verdienst, den Nachweis geführt zu haben, dass die Transportkosten unter den preisbestimmenden Elementen nicht jenen bedeutungsvollen Rang einnehmen, der ihnen gewöhnlich beigemessen wird. „Was früher noch keinem Menschen in den Sinn gekommen mit der Verstaatlichung der Eisenbahnen,“ sagt Kaizl, „ist jetzt auf dem Plane erschienen. Die Eisenbahn als berufsmässig philanthropisches Institut, die Eisenbahn als essentielle passive Unternehmung, die Eisenbahn als spanische Wand für officiell verpönte Unternehmungen. Diese

---

[1]) J. Kaizl, Passive Eisenbahnen. Wien 1895.
A. Eder, Die Eisenbahnpolitik Oesterreichs nach ihren finanziellen Ergebnissen. Wien 1894.
Weichs-Glon, Das finanzielle und sociale Wesen der modernen Verkehrsmittel. Tübingen 1894.

Ideen sind bei uns das Nebenprodukt des Staatsbahnsystems.“ „Ich bestehe“ — zu diesem Schlusse gelangt Kaizl — „bei den Staatsbahnen nicht auf der blossen Deckung der effektiven Kosten, sondern ich bestehe auf Ueberschüssen, auf den Gewinn, der die Steuerkasse zu speisen habe, weil die Steuerlast die nichtbesitzenden Klassen unverhältnissmässig mehr drückt als die wohlhabenden, sowie andererseits durch grösseren Wohlstand sich gerade jene hervorthun, welche unmittelbar den Eisenbahntransport benützen.“

Man braucht diesen Ansichten, welche die besonderen Voraussetzungen, unter denen die Bildung eines Staatsbahnnetzes in Oesterreich erfolgt ist, zu wenig berücksichtigen, nicht ohne weiteres beizupflichten und wird doch die Forderung, dass das Eisenbahnwesen zu den finanziellen Bedürfnissen des Staates beizutragen habe, nicht abweisen können. Die Erfolge des Staatseisenbahnbetriebes in Oesterreich sind ja unleugbar, wie schon daraus hervorgeht, dass der 10jährige Durchschnitt der Garantie-Epoche eine Jahresbelastung von 20,76 Millionen Gulden für ein Netz von 3100 Kilometer ergab, während der Staatszuschuss pro 1895 für ein Netz von ca. 8000 Kilometer 21,1 Millionen betrug[1]). Allein es kann nicht übersehen werden, dass der Staatshaushalt in Oesterreich nicht nur durch den für den Staatseisenbahnbetrieb zu bedeckenden Abgang belastet wird, sondern noch durch eine Reihe anderer Faktoren. Hierzu gehören vor allem die Garantiezuschüsse, welche für die bestehenden Privatbahnen geleistet werden und die im Laufe der nächsten Jahre nach Vollendung der Wiener Stadtbahn, sowie im Hinblicke auf die für die Lokalbahnen eingegangenen Garantieverpflichtungen eine weitere beträchtliche Erhöhung erfahren werden. Der Ertrag der Mauthen ist in Folge der Entwicklung der Eisenbahnen wesentlich zurückgegangen. Es entgeht dem Staatshaushalte ferner dadurch eine Einnahme, dass für die neu koncessionirten Eisen-

[1]) Siehe die stenographischen Protokolle des Abgeordnetenhauses XI. Session 1895, 1280 der Beilagen.

bahnen 20—25jährige Steuerfreiheit gewährt wird, während andererseits die in anderen Staaten ins Gewicht fallenden Ueberschüsse der Post in Folge des Umstandes, dass Oesterreich das billigste Postporto in Europa hat, im österreichischen Budget kaum nennenswerthe Ziffern aufweisen. Es ergiebt sich also, dass das Eisenbahnwesen den österreichischen Staatshaushalt in nicht geringem Grade belastet, eine Thatsache, die in grellem Widerspruche zu der Erfahrung steht, dass die volkswirthschaftliche Entwicklung ihren besonderen finanziellen Ausdruck in den Verkehrsmitteln findet. Im Allgemeinen trifft diese Erfahrung wohl auch in Oesterreich zu, was an einem Beispiel gezeigt werden soll. Die garantirte Linie der Nordwestbahn, welche bis vor Kurzem noch Garantiezuschüsse des Staates in Anspruch nahm, ist in ihrem Ueberschusse in den Jahren 1874—1893 von 1,7 Millionen auf 4,3 Millionen gestiegen, während in derselben Zeit die direkten Steuern Oesterreichs von 92—111, die indirekten Steuern von 161—247 Millionen gestiegen sind. Dem österreichischen Staate mit seiner fortgeschrittenen volkswirthschaftlichen Organisation ist es bisher nicht gelungen, sein in hohem Grade entwicklungsfähiges Eisenbahnwesen dem Staatshaushalte nutzbar zu machen. Dies gilt sowohl von den Staatsbahnen als von den Privatbahnen, deren Steuerleistung von 1881—1893 sich nur von 6,7 auf 8,7 Millionen Gulden erhöhte, wobei von letzterem Betrage 1,4 Millionen Gulden auf die Staatsbahnen entfallen.

Der Annahme, dass eine Verbesserung der gegenwärtigen finanziellen Verhältnisse der Staatsbahnen durch eine Tariferhöhung erfolgen könnte, steht, abgesehen von prinzipiellen Bedenken, auf welche wir später noch zurückkommen werden die Schwierigkeit entgegen, dass die Privatbahnen zum Theile, speciell gilt dies vom Personenverkehre, schon jetzt billigere Tarife haben als die Staatsbahnen, und dass überdies mit der mächtigsten Privatunternehmung (Nordbahn) ein Uebereinkommen besteht, wonach diese gesetzlich verpflichtet ist, bei einer bestimmten Reinertragsziffer die Tarife herabzusetzen. Es wird ferner mit Recht darauf hingewiesen, dass die Fortsetzung der

Verstaatlichung auf Schwierigkeiten stossen könnte, wenn durch eine einseitige Erhöhung der Tarife die Erwartungen des Publikums enttäuscht würden, abgesehen davon dass die in den letzten Jahren ohnehin gestärkte Position der Privatbahnen eine weitere Kräftigung erfahren würde. Unter diesen Umständen scheint es zweifellos, dass der Gedanke einer Transportsteuer in Oesterreich früher oder später wieder aufleben wird.

Eine Besteuerung des Verkehres besteht indess schon gegenwärtig, wenn dieselbe auch äusserlich einen gebührenartigen Charakter trägt.

Durch das Gesetz vom 13. Dec. 1862, welches die Gebührengesetzgebung regelt, wurde eine fixe Gebühr für Personenfahrkarten und Frachtbriefe der Eisenbahnen eingeführt. Ueber die Entstehung dieser Bestimmung, welche an den Beginn der parlamentarischen Aera in Oesterreich anknüpft, sagt Beer[1]), dass diese Besteuerung bei ihrer Einführung als einseitig und unbillig, ja als ungerecht bekämpft wurde. „Sie erinnere an die alte österreichische Kopfsteuer, welche den Kopf des blödesten Tropfs, wenn er nur das 24. Lebensjahr erreicht habe mit dem Kopfe des geist- und geldreichsten gleichstellte." Andere bemängelten, dass man den Verkehr treffen wolle, während es wohl angezeigt wäre den Luxus, das Vergnügen durch Besteuerung von Theaterbillets, Balleintrittskarten zu belegen. Ganz richtig wurde bemerkt, dass die Eisenbahnen diese Abgabe nicht selbst tragen, sondern auf die Reisenden überwälzen werden. In dem erwähnten Gesetze[2]) wurde bestimmt, dass für jede Personenkarte eine Gebühr von 1 Kreuzer für je 50 Kreuzer eingehoben werde, wobei als Minimalgebühr 1 Kreuzer und als Maximalgebühr 15 Kreuzer festgesetzt wurde. Die letztere Gebühr wurde durch das Gesetz vom 11. Mai 1871 auf 25 Kreuzer erhöht.

---

[1]) Staatshaushalt, Prag 1884.

[2]) Die Vorschriften betreffend die Gebührenstempel für Fahrkarten von Dr. Max Frh. v. Buschman im C.-Bl. f. E. 1885, ferner die Vorschriften betreffend den Gebührenstempel der Eisenbahnfrachtbriefe von demselben Verfasser in der Zeitschr. f. E.B. 1895.

Durch das Gesetz vom 17. Juni 1887 wurde die Regierung ermächtigt, für die Lokalbahnen die Umwandlung der fixen Stempelgebühr in eine Procentualgebühr zu bewilligen, welche mit 3 % des Fahrpreises zu bemessen und durch die Bahnunternehmung von den Reisenden einzuheben ist. Hiefür war die Erwägung massgebend, dass bei Anwendung des Gesetzes vom Jahre 1862 die Anwendung des insbesondere bei den italienischen Tramways eingeführten Billetsystems, wonach nur eine Art von Personenfahrkarten besteht, erheblich erschwert würde.

Mit dem Gesetze vom Jahre 1862 ist auch für Frachtbriefe ein Stempel von 5 beziehungsweise 1 Kreuzer eingeführt worden.

Nachstehend folgt der Wortlaut der einschlägigen gesetzlichen Bestimmungen:

Stempel für Personenfahrkarten.

Stempelgebühren.

Gesetz vom 13. December 1862, R. G. Bl. No. 89. Tarifpost 47e: Empfangs- und Aufnahmsscheine der Eisenbahn- und Dampfschifffahrtsunternehmungen über die Uebernahme von Personen zum Transporte (Personenkarten) unterliegen einer Gebühr: a) bei einem Fahrpreise bis 50 Kreuzer von jedem Stück 1 Kreuzer; b) bei einem höheren Preise aber so oftmal 1 Kreuzer als 50 Kreuzer in dem Fahrpreise enthalten sind. Jeder Rest unter 50 Kreuzer ist voll anzunehmen und dle Gebühr nie höher als mit 15 Kreuzer für das Gesetz zu bemessen.

Gesetz vom 11. Mai 1871, R. G. Bl. No. 39. Mit Zustimmung beider Häuser des Reichsrathes finde Ich in Abänderung der Tarifpost 47, lit. e, des Gesetzes vom 13. December 1862, R. G. Bl. No. 89, anzuordnen, wie folgt:

§ 2. Die in Tarifpost 47, lit. e, festgesetzte Maximalgebühr wird von 15 auf 25 Kreuzer erhöht.

Gesetz vom 13. December 1862, R. G. Bl. No. 89, § 12. Die Finanzverwaltung ist ermächtigt: a) Allen Gesellschaften, Anstalten und Personen, welchen die unmittelbare Entrichtung der Gebühren obliegt oder gestattet wird, zur Sicherung des Staatsschatzes die Führung eines mit deren Aufschreibungen genau übereinstimmenden Journales, welches die zur Beurtheilung der Richtigkeit der Gebührenansätze nothwendigen Angaben zu enthalten hat, aufzutragen und die Richtigkeit und Vollständigkeit derselben durch Vergleich mit den Originaljournalen und Rechnungen der Betheiligten von ihren Abgeordneten prüfen zu lassen; b) wofern die zur Beurtheilung des Geschäftsumfanges erforderlichen Umstände erhoben werden können, mit den erwähnten Gesellschaften, Anstalten und Personen über eine an die Stelle der Gebühr tretende Abfindungssumme das Uebereinkommen zu treffen.

Die erwähnten Gesellschaften, Anstalten und Personen haften mit den ihre Geschäfte besorgenden Personen, welchen die Erfüllung der Gebührpflicht in dieser Geschäftsführung obliegt, zur ungetheilten Hand für die Richtigkeit und Vollständigkeit der Ausweisung für den Betrag der dem Staatsschatze zustehenden Gebühren und für die durch die Gesetze vom 9. Februar und 2. August 1850 verhängten nachtheiligen Folgen und Strafen jener Uebertretungen, die von den erwähnten Personen in Gesellschaftsangelegenheiten begangen werden.

Gesetz vom 13. December 1862, R. G. Bl. No. 89, Tarifpost 47. Anmerkung zu d und e: Die Eisenbahn- und Dampfschifffahrtsunternehmungen haben die in dieser Tarifpost festgesetzten Gebühren mit den Fahrpreisen einzuheben und monatlich nachhinein unmittelbar zu entrichten.

Gesetz vom 11. Mai 1871, R. G. Bl. No. 39. Mit Zustimmung beider Häuser des Reichsrathes finde Ich in Abänderung der Tarifpost 47, lit. e, des Gesetzes vom 13. December 1862, R. G. Bl. No. 89, anzuordnen, wie folgt: § 1. Personenfahrkarten von Unternehmungen, welche bloss den Lokalverkehr vermitteln, d. i. solchen, welche ihren Geschäftsbetrieb auf das Gebiet einer Gemeinde und den Umkreis einer Meile von der Grenze dieses Gebietes beschränken, sind, wenn der höchste für die Beförderung einer Person von der Unternehmung eingehobene Fahrpreis 20 Neukreuzer nicht übersteigt, bedingt gebührenfrei (Tarifpost 48, lit. b)[1]).

Gesetz vom 30. März 1875, R. G. Bl. No. 42. Mit Zustimmung beider Häuser des Reichsrathes finde Ich in Abänderung des § 1 des Gesetzes vom 11. Mai 1871, R. G. Bl. No. 39, anzuordnen, wie folgt: § 1. Personenfahrkarten von Tramwayunternehmungen, welche bloss den Lokalverkehr vermitteln, d. i. solchen, welche ihren Geschäftsbetrieb auf das Gebiet einer Gemeinde und den Umkreis einer Meile von der Grenze dieses Gebietes beschränken, sind auch dann, wenn der höchste für die Beförderung einer Person von der Unternehmung eingehobene Fahrpreis 20 Kreuzer übersteigt, bedingt

---

[1]) In der Koncession der Wiener Tramwaygesellschaft vom 14. April 1889 ist die Einführung eines Fahrkartenstempels vorgesehen.

gebührenfrei (Tarifpost 48, lit. b, des Gesetzes vom 13. December 1862, R. G. Bl. No. 89).

Als der Kreuzer-Zonen-Tarif bei den k. k. Staatsbahnen im Jahre 1890 eingeführt wurde, ist der Fahrkartenstempel in den Tarif einbezogen worden also nicht besonders zur Einhebung gelangt, während die Staatsbahnen den entfallenden Betrag an die Staatskasse aus Eigenem abgeführt haben. Im Oktober 1892 wurde der Kreuzer-Zonen-Tarif um den Stempel erhöht, somit der Stempel vom Publikum wieder eingehoben, was ca. 500,000 fl. jährlich betrug. Bei dem im September 1895 eingeführten erhöhten Personentarif ist der Stempel inbegriffen.

Stempel für Frachtbriefe.

A. Gebührenstempel zu 5 kr.

Gesetz 13. Dez. 1862, R.-G.-Bl. Nr. 89, T.-P. 101, I, A, b. Frachtbriefe und die Duplikate derselben, wenn sie ausser dem Verzeichnisse der versendeten Güter und dem mit dem Fuhrmanne, Frachtführer oder Schiffer geschlossenen Lohn- oder Miethvertrage und der Versicherung (Assekuranz) keine der skalamässigen Gebühr unterliegenden Bestimmungen enthalten, von jedem Bogen 5 kr.

B. Gebührenstempel zu 1 kr.

Gesetz 29. Febr. 1864, R.-G.-Bl. Nr. 20, § 14. Frachtbriefe über Sendungen, welche nicht durch die Postanstalten in dem Umkreis von 5 Meilen des Standortes des Aufgebers erfolgen, werden, statt der in der Post 101, I, A, b,. der durch das Gesetz vom 13. Dez. 1862 geänderten Tarifbestimmungen festgesetzten Gebühr von 5 kr. von jedem Stücke, der Gebühr von 1 kr. zugewiesen.

H.-M.-E. 30. Jan. 1884, Z. 461. Die Bahnen werden hiermit in die Kenntniss gesetzt, dass das **F.-M.** in Absicht auf die Stempelbehandlung der Frachtbriefe im Sinne des Gesetzes vom 31. März 1875, R.-G.-Bl. Nr. 62, unterm **2. Jan. 1884, Z. 39484 ex 1883** (F.-M.-V.-Bl. Nr. 3 ex 1884) angeordnet hat, dass die im § 14 des Gesetzes vom 29. Febr. 1864, R.-G.-Bl. Nr. 20, für die Verwendung des Frachtbriefstempels von 1 kr. festgesetzte Entfernung von 5 Meilen gleich 38 km. der zurückgelegten Strecke anzunehmen ist.

Stempel für Empfangs- und Aufnahmescheine.

Gesetz vom 13. Dez. 1862, T.-P. 47, d. Empfangs- und Aufnahmescheine (Frachtkarten) eines Frächters oder einer Transportanstalt mit Ausnahme der k. k. Postanstalt über die Uebernahme von Waaren zum Transporte ohne Unterschied, ob darin der Empfang des Frachtlohnes bestätigt wird oder nicht, von jedem Stück 5 kr.

F.-M.-E. 9. Jan. 1863, Z. 447. Recepisse über Reisegepäck, zu dessen gebührenfreier Mitnahme die Fahrkarte nicht berechtigt, unterliegen der Gebühr von Frachtkarten.

Ertrag der Stempelgebühren.

Das Erträgniss aus dem Fahrkartenstempel betrug:

1893	1 323 614 fl.[1]
1894	1 667 463 - [1]
1894	1 737 297 - [1]

Die Einnahme aus dem Frachtbriefstempel wurde für das Jahr 1894 mit 950 000 fl. und aus den Frachtkarten mit 1 120 448 fl. ausgewiesen.

Ueber den Verschleiss der Eisenbahnfrachtbriefe enthalten die Mittheilungen des Finanzministeriums folgende Darstellung:

Jahr	5 kr.	1 kr.
	Stückzahl	
1885	9 386 701	2 633 177
1886	12 708 581	2 176 634
1887	12 524 236	2 002 959
1888	13 079 527	2 209 247
1889	14 114 768	2 438 101
1890	14 843 074	2 681 895
1891	15 276 297	2 660 166
1892	15 246 365	2 717 392
1893[2]	16 595 836	4 346 618
1894[2]	16 056 160	3 095 100

[1]) incl. ca. 170 000 fl. für die Schiffahrt.

[2]) excl. der Frachtbriefe für den internat. Verkehr, welche pro 1894 fl. 116 100 ergeben haben.

Deutschland.

Gesetzentwurf vom Jahre 1893 wegen Abänderung der Reichsstempelabgaben.

Der am 25. November 1893 im Reichstage eingebrachte Gesetzesentwurf wegen Abänderung der Reichsstempelabgaben ist als ein interessanter Versuch anzuseheu, die Transportsteuer auch im Eisenbahnverkehr des deutschen Reiches einzuführen. Die Annahme, dass sich in diesem Gesetzesentwurfe auch Bestimmungen wegen Einführung einer Passagiersteuer befinden werden, hat sich zwar nicht bestätigt, was Cohn[1]) zurückführt „auf die Hemmnisse, welche einer Reform der Personentarife sowohl bei den preussischen als bei den anderen deutschen Staatsbahnen aus finanziellen Rücksichten entgegenstehen," hingegen wurde eine Steuer auf die Güterbeförderung der Eisenbahnen vorgeschlagen, welche in Form eines Frachtbriefstempels (Siehe S. 89) zur Erhebung gelangen sollte.

Der Gesetzentwurf selbst enthielt folgende Bestimmungen:

IIIc. Frachtpapiere.

§ 29m. Die Verpflichtung zur Entrichtung der unter Nummer 8 des Tarifs bezeichneten Stempelabgabe liegt dem Aussteller des stempelpflichtigen Schriftstücks und, wenn dieses im Auslande ausgestellt ist, demjenigen ob, der es im Inlande aushändigt, und muss erfüllt werden, bevor das Schriftstück ausgehändigt wird. Ausnahmen von dieser Vorschrift ist der Bundesrath zuzulassen ermächtigt.

Im Eisenbahn und Postverkehr erfolgt die Entrichtung der Abgabe durch den Frachtführer, welcher den Betrag derselben von dem Versender oder Empfänger einzuziehen berechtigt ist.

Ist die Entrichtung der Abgabe von den dazu verpflichteten Personen unterlassen worden, so ist sie von jedem ferneren Inhaber des nicht gestempelten Schriftstücks binnen drei Tagen nach dem Tage des Empfangs und jedenfalls vor der weiteren Aushändigung des Schriftstücks zu bewirken.

§ 29n. Die vorbezeichnete Verpflichtung wird erfüllt durch Verwendung von Formularen, die vor dem Gebrauche vorschriftsmässig abgestempelt sind, oder von Stempelmarken nach näherer Anordnung des Bundesraths.

Dem Bundesrath steht auch die Bestimmung darüber zu, ob

---

[1]) Der Entwurf einer Frachtbriefsteuer in der Zeitschr. f. Eisenb. 1894.

			ℳ	₰	
Zur Beurkundung eines Frachtvertrages über die Beförderung von Gütern dienende Schriftstücke, die im Inlande ausgestellt oder ausgehändigt werden, und zwar:					
I. Konnossemente, mit Ausnahme des dem Führer des Seeschiffes behändigten und als solches bezeichneten Konnossementsexemplars,					
a) sofern die Papiere über ganze Schiffsladungen lauten	—	—	—	30	von jedem einzelnen Schriftstück; falls dasselbe jedoch über die Ladung mehrerer Schiffsgefässe oder Eisenbahnwagen lautet, von jeder Schiffs- oder Wagenladung, und falls mehrere für verschiedene Empfänger bestimmte Stückgutsendungen in einer Eisenbahnwagenladung vereinigt (Sammelladung) mit einem Frachtpapier zur Beförderung aufgeliefert werden, von jeder einzelnen Sendung.
b) sofern die Papiere über Theilladungen oder Stückgüter lauten:					
1. bei Beförderung von Gütern nach oder von Häfen der Nord- und Ostsee	—	—	—	10	
2. bei Beförderung von Gütern nach oder von anderen Häfen	—	—	—	30	
II. Ladescheine mit Ausnahme des dem Führer des Flussschiffes behändigten und als solches bezeichneten Exemplars, sowie Einlieferungsscheine der Frachtführer im Flussschifffahrtsverkehr über Sendungen, bezüglich deren ein Ladeschein nicht ausgestellt ist,					
a) sofern die Papiere über ganze Schiffsladungen lauten	—	—	—	30	
b) sofern die Papiere über Theilladungen oder Stückgüter lauten	—	—	—	10	
III. Frachtbriefe, Beförderungsscheine, Gepäckscheine, Packetadressen, sowie andere, eines der bezeichneten Papiere ersetzende Schriftstücke,					
a) sofern die Papiere über ganze Wagenladungen im Eisenbahnverkehr lauten	—	—	—	20	
b) in allen übrigen Fällen im Landtransportverkehr	—	—	—	10	
Befreit sind:					
1. Frachtpapiere, aus denen sich ergiebt, dass der Betrag der Fracht die Summe von einer Mark nicht übersteigt;					
2. Gepäckscheine, die über das Gepäck der Reisenden ausgestellt sind.					

und in welchen Fällen die Entrichtung der Abgabe ohne Verwendung von Stempelzeichen erfolgen darf.

§ 29o. Die Nichterfüllung der im § 29m bezeichneten Verpflichtung wird mit einer Geldstrafe von zwanzig Mark für jedes Schriftstück oder, wenn dasselbe einem mehrfachen Stempel unterliegt, für jeden fehlenden Stempelbetrag bestraft.

Diese Strafe betrifft besonders und zum vollen Betrage jeden, der die ihm obliegende Verpflichtung zur Entrichtung der Stempelabgabe nicht rechtzeitig erfüllt.

§ 29p. Wer die Beförderung von Gütern als Gewerbe betreibt, hat, wenn er nach erfolgter Bestrafung auf Grund des § 29o von neuem den dort bezeichneten Vorschriften zuwiderhandelt, neben der daselbst vorgesehenen Strafe eine Geldstrafe von fünfzig bis fünfhundert Mark verwirkt.

Diese Rückfallsstrafe tritt ein ohne Rücksicht darauf, ob die frühere Bestrafung in demselben oder in einem anderen Bundesstaate erfolgt ist. Sie ist verwirkt, auch wenn die frühere Strafe nur theilweise entrichtet oder ganz oder theilweise erlassen ist.

Dieselbe ist ausgeschlossen, wenn seit der Entrichtung oder dem Erlass der letzten Strafe bis zur Begehung der neuen Zuwiderhandlung fünf Jahre verflossen sind.

§ 29q. Ist ein stempelpflichtiges Schriftstück von einer im Inlande wohnhaften Person ausgestellt worden, so wird vermuthet, dass die Ausstellung im Inlande erfolgt ist, bis Thatsachen erwiesen werden, welche geeignet sind, die Unrichtigkeit der Vermuthung darzuthun.

§ 29r. Enthält ein Schriftstück ausser der Beurkundung eines Frachtvertrages auch die einer landesgesetzlichen Stempelabgabe unterliegende Beurkundung eines anderen Gegenstandes, so finden die landesgesetzlichen Vorschriften neben den Bestimmungen dieses Gesetzes Anwendung.

Im übrigen unterliegen die Schriftstücke keiner weiteren Besteuerung in den einzelnen Bundesstaaten.

Diese Bestimmungen sollten nach Art. V am 1. April 1894 in Kraft treten. Die Begründung des Gesetzentwurfes hatte im Wesentlichen die nachstehenden Erwägungen zum Ausgangspunkte gewählt: Während der Eigenthums- oder Besitzwechsel bei Grundstücken in Deutschland überall einer erheblichen Abgabe unterliegt, hat sich der Umsatz der beweglichen Güter — abgesehen von dem Geld- und Effektenverkehre, welcher dem Reichsstempel unterworfen worden ist, — bisher der Besteuerung fast vollständig entzogen. Im Interesse einer gerechten Vertheilung der Lasten erschien die Heranziehung des letzteren ebenfalls geboten. Im vollen Umfange ist die steuerliche Erfassung des Güteraustausches freilich nicht durchführbar; zum Theil aber wird sie sich dadurch erreichen lassen, dass man den Waarentransport zum Gegenstande der Besteuerung macht. In dieser Absicht wird die Einführung einer Stempelabgabe von Frachtpapieren aller Art in Vorschlag gebracht. Dadurch, dass die Steuerpflicht an die Ausstellung einer Urkunde geknüpft wird, ist zwar die Möglichkeit gegeben, dieselbe durch Unterlassung der Beurkundung zu umgehen, doch sei dieser Umstand nur für den wenig ins Gewicht fallenden Privatfuhrverkehr thatsächlich von Bedeutung. Bei Benutzung der grösseren der Güterbewegung dienenden Verkehrsmittel, beim Transport auf der Eisenbahn, zur See und auf Binnengewässern, wird von der Ausstellung eines Frachtbriefes auch nach eingetretener Stempelpflichtigkeit schwerlich abgesehen werden, namentlich wenn durch niedrige Bemessung sowie durch thunliche Erleichterung der Entrichtung der Abgabe ein Anreiz zur Hinterziehung derselben vermieden würde. Als der Stempelpflicht unterliegend sollten alle zur Beurkundung eines Frachtvertrages über die Beförderung von Gütern dienenden Schriftstücke erklärt werden. Zu den Urkunden, die hienach dem Stempel zu unterwerfen wären, gehören in erster Reihe die Frachtbriefe, die als Beweis über den Vertrag zwischen dem Frachtführer und dem Absender dienen (Handelsgesetzbuch Art. 391 ff., § 54 Abs. 3 der Verkehrsordnung für Eisenbahnen Deutschlands). Indem der Entwurf die einzelnen zu versteuernden Papiere namhaft macht, will er keineswegs die Abgabepflicht auf den Kreis der ausdrücklich bekannten Papiere beschränken.

Bei der Vielseitigkeit einer steten weiteren Entwicklung der Verkehrsformen hält der Entwurf eine erschöpfende Aufzählung nicht rathsam und erachtet es vielmehr angezeigt, allgemein auch solche Schriftstücke, welche etwa an die Stelle des Frachtbriefes treten könnten, unter die Steuerpflicht zu stellen. Von der Stempelabgabe ausgenommen wurden: Begleitscheine, Frachtkarten etc., die im inneren Eisenbahnverkehr ausschliesslich zur Benutzung durch die Beamten der Bahn über die bereits anderweitig mit einem Frachtbrief versehenen Sendungen in Verwendung stehen, weil alle diese Schriftstücke nicht der Beurkundung eines Frachtvertrages dienen; so z. B. Frachtbriefe, die die Bahnverwaltungen über Versendungen von Dienst- und Baugut innerhalb des eigenen Bezirkes auszustellen pflegen, weil das Vorliegen eines Vertrages schon wegen Mangels eines Kontrahenten ausgeschlossen ist. Endlich Lieferungsscheine, Frachtbriefduplikate, Aufnahmsscheine, Empfangsbescheinigungen u. dgl. mehr. Ueber die Einhebung der Steuern bemerkt der Entwurf: der Einfachheit halber und da es überaus schwierig ist, für die Erhebung eines Procentualstempels einen angemessenen Massstab zu finden, solle die Abgabe als fixer Stempel erhoben werden und in der Regel 10 Pfennig für das Frachtpapier betragen. Bei diesem niedrigen Satze und im Hinblicke darauf, dass bei Frachtsätzen (reine Fracht ohne Rücksicht auf Nebengebühren) von nicht mehr als einer Mark ein Stempel überhaupt nicht zu entrichten ist, wird die Steuer den Verkehr nicht erheblich belasten. Die Befreiung des Gepäckes der Reisenden wurde damit begründet, weil dessen Belastung mit dem Frachtstempel eine wenn auch geringe Vertheuerung des Personenverkehrs bedeuten würde, die nicht beabsichtigt wird. Indessen sollte sich die Befreiung nur auf das Reisegepäck im engeren Sinne (§ 30 der Verkehrsordnung) erstrecken. Gepäckscheine über grössere, zum eigentlichen Reisebedarf nicht zu rechnende Gegenstände würden dem Stempelpfennig unterliegen. Der Ertrag der Steuern wurde folgendermassen geschätzt:

Veranschlagter Ertrag der Frachtbriefsteuer.

Im Bereiche der deutschen Eisenbahnen hat die Zahl der im Laufe eines Jahres ausgestellten oder vom Auslande eingegangenen Frachtbriefe betragen:

für Expressgut (Gepäck- und Beförderungsscheine)	2 581 194 Stück
für Fahrzeug (Gepäckscheine, Beförderungsscheine, Frachtbriefe)	29 824 Stück
für lebende Thiere (Gepäckscheine, Beförderungsscheine, Frachtbriefe)	923 645 Stück
für Güter(Frachtbriefe)	90 608 831 Stück
für Leichen(Frachtbriefe und Beförderungsscheine)	5 287 Stück
zusammen	94 148 781 Stück

Bei dieser Stückzahl ist bei Berechnung des Steueraufkommens ein erheblicher Bruchtheil für die Papiere, bei denen der Frachtbetrag eine Mark nicht übersteigt, abzuziehen. Da jedoch andererseits die Zahl der ohne Ausstellung eines besonderen Frachtbriefes beförderten Wagenladungen und einzelner Sendungen (bei Sammelladungen) sowie der vorstehende nicht über Reisegepäck im engeren Sinne lautende Gepäcksschein der Zahl der stempelpflichtigen Schriftstücke hinzutrat, auch für die ganzen Wagenladungen der doppelte Betrag der Steuern zu entrichten ist, wird die Einnahme immerhin auf annähernd 75 % der aus der Gesammtstückzahl nach dem Einheitssatze von 10 % sich ergebenden Besteuerungssumme oder rund 7 Millionen Mark veranschlagt werden können. Mit Hinzurechnung der Besteuerung der Konnossemente sowie der im Binnenschifffahrtsverkehr ausgestellten Ladescheine wurde die gesammte Einnahme zwischen 8—9 Millionen Mark berechnet.

Im Reichstage stiess der Gesetzesentwurf wegen Abänderung der Reichsstempelabgaben auf Schwierigkeiten, welche sich jedoch mehr gegen den Gesetzesentwurf im allgemeinen als gegen die Bestimmungen bezüglich des Frachtbriefstempels richteten. Was den letzteren betrifft, so erklärte Abgeordneter Richter in der Sitzung des Reichstages vom 5. December 1893: „Man hat gesagt, unsere Zeit lebe im Zeichen des Verkehrs. Einen drastischeren Widerspruch damit als diese Vorlage, kann man sich nicht denken. Während man sonst die Benutzung der Verkehrsmittel einfacher und bequemer macht, stellen sich nach diesem Gesetze den verschiedensten Geschäftsoperationen Steuerbeamte in den Weg und verlangen einen Beitrag ähnlich den Reisigen in früheren Jahrhunderten, als Wegelagerer vom Kaufmannsstande einen Zoll erhoben, ohne irgendwelche Gegenleistung für Handel und Verkehr. Man soll Steuern erheben vom Einkommen, man kann Steuern vom Verbrauch erheben; aber falsch ist es, Geschäfte zu besteuern, die erst ein Einkommen schaffen sollen, vielleicht aber einen Verlust bringen. Ich bin ein grundsätzlicher Gegner von Umsatzsteuern".

Darauf erwiderte der Abgeordnete Meyer: „In Bezug auf die Berechtigung der Umsatzsteuern bin ich durchaus anderer Ansicht wie Herr Richter. Man kommt heutzutage leicht in den Verdacht, man sei umgesattelt, wenn man eine Ansicht äussert, die von derjenigen abweicht die erwartet worden ist. Ich halte die Umsatzsteuer an sich für gerechtfertigt und lasse mich nicht mit dem Einwande abspeisen, man solle den Gewinn erst besteuern, wenn er gemacht ist, nicht aber schon den Versuch, einen Gewinn zu machen. Wer es versucht einen Gewinn zu machen, hat mancherlei Ausgaben zu machen, Opfer an Zeit und Briefporto; aber kein Mensch kommt auf den Gedanken, dass das Porto nur für solche Briefe gezahlt werde, die etwas einbringen. Warum soll man nicht eine Gebühr zahlen für die Berechtigung ein Geschäft zu machen; also die Umsatzsteuer ist wirthschaftlich wohl berechtigt, und meines Wissens hat kein Land diese Steuern nicht."

In der That hätte der Abgeordnete Richter mit denselben Argumenten die Berechtigung, einen Tarif überhaupt einzuheben, bestreiten zu können. Vergebens wies der Staatssekretär Dr. Graf von Posadowsky darauf hin, dass auch in England, Frankreich und Oesterreich die Frachtpapiere mit einem Stempel belegt sind, dass also die Aufnahme des Frachtbriefstempels in die deutsche Gesetzgebung keineswegs eine besondere gesetzgeberische Anomalie bilde. Gegenüber dem französischen Frachtbriefstempel von 70 cents. könne die beabsichtigte Belastung von 10 Pf. kaum ins Gewicht fallen. Wenn behauptet worden sei, dass durch den Frachtstempel gerade der kleinere Verkehr und die weniger wohlhabenden Kreise hart betroffen würden, so wurde dies vom Grafen Posadowsky verneint, denn dadurch, dass der Frachtstempel erst auf Stückgüter gelegt ist, deren Frachtbetrag über 1 Mark beträgt, sind 47 % aller Frachtsendungen im Eisenbahnverkehr überhaupt steuerfrei, während von den Postporten 97 % aller Postsendungen stempelfrei bleiben.

Uebrigens wurde wiederholt und speciell in der Eingabe der Handelskammer Mannheim an den deutschen Reichstag hervorgehoben, dass es mehr die Ausführungsbestimmungen waren, von denen eine Belästigung des Verkehrs befürchtet wurde. Es gilt dies insbesondere von der Bestimmung, wonach es der Verkehrsunternehmung vollständig überlassen bleiben sollte, ob sie die Abgaben vom Versender oder Empfänger einheben wollte.

Nachdem die Einheitlichkeit des deutschen Reichsgebietes die einzelnen Bundesstaaten verhindert, eine einseitige Regelung dieser Frage durchzuführen, dürfte dieselbe ohne Zweifel an den Reichstag neuerlich herantreten.

Spanien.

Mit dem Finanzgesetz vom 25. Juni 1864 wurde eine 10procentige Steuer auf die Personenfahrkarten eingeführt. Als die Eisenbahngesellschaften diese Steuer mit dem Hinweise darauf bekämpften, dass das allgemeine Eisenbahngesetz vom 3. Juni 1855 ihnen vollständige Steuerfreiheit für ewige Zeiten zusicherte, wurde der Ertrag der Steuer mit königl. Verordnung vom 22. December 1866 den Gesellschaften als Beihilfe zur Verzinsung und Tilgung der Schuldverschreibungen „auf immer“ überlassen. Allein schon im Jahre 1874 führte die Regierung zu ihren Gunsten eine neue Fahrkartensteuer von 10 Procent, später noch einen 5procentigen Zuschlag gleichwie eine 5procentige Steuer auf den Güterverkehr ein. Trotz der Einsprache der Gesellschaften wurde 1883 die erste 10procentige von den Gesellschaften für ihre Zwecke erhobene Steuer abgeschafft (was bei der nordspanischen Eisenbahn einem Verluste von 2,4 Millionen Pesetas jährlich gleichkommt), die Staatssteuer dagegen beibehalten.

Im Jahre 1889 ergab die Fahrkartensteuer 6,6, die Frachtbriefsteuer 3,2 Millionen Pesetas.

Auf Grund eines Beschlusses des Ministerrathes vom 16. Februar 1894, der aber bis jetzt noch nicht Gesetzeskraft erlangt hat[1]), ist folgende Einschreibgebühr bei Personenfahrkarten in Aussicht genommen:

in der I. Kl.	II. Kl.	III. Kl.		
von 30	25	10	Céntimos	bis zu 25 Kilometer
„ 75	50	15	„	von 26 bis 50 „
„ 150	100	20	„	„ 51 „ 100 „
„ 250	150	20	„	„ 101 „ 150 „
„ 300	250	20	„	über 150 „

ferner für jede Eilgutsendung 1 Peseta, für Frachtgut I. und II. Klasse 0,40 Pesetas, für die anderen Klassen 0,10 Pesetas.

Niederlande.

In den Niederlanden wird für Frachtgebühren von 10 Holl. Gulden oder mehr eine Gebühr von 0,05 Holl. Gulden per Frachtbrief erhoben.

Rumänien.

In Rumänien gelangen an Stempelabgaben 50 Cts. pro Frachtbrief und 10 Cts. pro Bezugsaviso zur Einhebung.

Serbien.

In Serbien gelangt ein Frachtbriefstempel von 10 Para (10 Cents.) zur Einhebung.

Bulgarien.

Bei den Eisenbahnen in Bulgarien, sowie bei den auf bulgarischem Gebiete gelegenen Linien der Orientalischen Eisenbahngesellschaft beträgt der Frachtbriefstempel 50 Stotinki (50 Cents.).

---

[1]) Kupka, im Archiv f. E. 1896, Heft 3.

Dritter Abschnitt.

Die Stellung der Transportsteuer im Staatsbahnsysteme.

Der Einfluss des Eisenbahnwesens auf die Staatsfinanzen ist im Laufe der Zeit sowohl beim Privatbahnsysteme als beim Staatsbahnsysteme hervorgetreten. In Frankreich führte das Ergebniss einer 20jährigen Finanzwirthschaft nach dem sogen. Gesetze Francqueville bis Ende 1883 zu einer Gesammtforderung des Staates an die Bahnen mit nicht weniger als 673 Millionen Francs. In der Zeit 1884—1890 wurden weitere 369 Millionen Francs Garantiezuschüsse gezahlt und in Folge der Ermässigung der Transportsteuer haben sich die Garantiezuschüsse, welche im Jahre 1891 54,7 Millionen Francs betragen haben, im Jahre 1892 auf 88,8 Millionen Francs erhöht, und belasten das Budget des Jahres 1895 mit 78,3 Millionen Francs. In Oesterreich wurden bis zur Inauguration des Staatseisenbahnbetriebes ca. 160 Millionen und seitdem weitere 100 Millionen Gulden Garantievorschüsse geleistet. Die Summe, mit welcher der Staatseisenbahnbetrieb das Budget belastet, wird mit 20—25 Millionen Gulden jährlich berechnet. Ebenso werden in Ungarn die Staatseinnahmen zu den Kosten des Staatseisenbahnbetriebes in bedeutendem Masse herangezogen, da die im Staatsbahnnetze investirten 1000 Millionen z.B. pro 1894 nur einen Ueberschuss von 16,3 Millionen Gulden ergaben. In Russland werden die bisher gewährten Garantievorschüsse einschliesslich der sonstigen Unterstützung der Eisenbahnen mit etwa

1,2 Milliarden Rubel ausgewiesen[1]). Hingegen lässt sich das Ergebniss der Eisenbahnpolitik in Preussen dahin zusammenfassen, dass die Eisenbahnerträge seit 14 Jahren mehr als ausreichend sind zur Verzinsung der gesammten Staatsschuld, dass der Steuerzahler keinen Pfennig zu dieser Verzinsung beizutragen braucht. 1895/96 betrug der Ueberschuss 438 Millionen Mark, davon gehen 210 Millionen für die Verzinsung der Eisenbahnkapitalschuld ab, so dass 228 Millionen für allgemeine Staatszwecke übrig bleiben.

Den grössten Einfluss haben die Erträge der Eisenbahnen auf den Staatshaushalt naturgemäss dort, wo die Eisenbahnen mehr oder weniger in das Staatseigenthum übergegangen sind. Die dem Eisenbahnbetriebe eigenthümlichen Schwankungen der Erträgnisse machen sich dann besonders fühlbar. Allein ebenso wie es als ein ungesunder Zustand bezeichnet werden muss, wenn das Gleichgewicht wie etwa im preussischen Staatshaushaltsetat darauf beruht, dass alljährlich bedeutende Ueberschüsse der Eisenbahnen zu allgemeinen Staatszwecken herangezogen werden, so muss es nicht minder als mit den Grundsätzen einer gesunden Finanzpolitik unvereinbar bezeichnet werden, wenn in anderen Staaten alljährlich bedeutende Beträge aus den allgemeinen Staatseinnahmen zur Deckung des Abganges in der Staatseisenbahnverwaltung in Anspruch genommen werden.

Diese Erwägungen haben in der letzten Zeit wiederholt die Regierungen sowohl als die Parlamente beschäftigt. Wir erinnern nur an die lebhaften Debatten, welche sich alljährlich im preussischen Abgeordnetenhause erneuern und die den berechtigten Zweck verfolgen, die allgemeine Finanzverwaltung von der Eisenbahnverwaltung unabhängig zu stellen. Seitdem eine empfindliche Schwankung im Eisenbahnerträgnisse im Jahre 1892 das Gleichgewicht des Staatshaushaltes zu gefährden drohte, ist das Staatsbahnsystem in

[1]) Der Reinertrag des im Staatsbetriebe befindlichen Netzes belief sich 1894 auf 81,098,371 Creditrubel, d. i. 4,4 % des emittirten Capitals.

Preussen wiederholt einer heftigen Kritik ausgesetzt gewesen. „Die Vermehrung der Ausgaben, die Verminderung der Einnahmen der preussischen Staatsbahnen, der Einfluss dieser Erscheinungen auf die Gestaltung des Staatshaushaltes haben sich unangenehm fühlbar gemacht. Einzelne Freunde des Staatsbahnsystemes sind in ihren Anschauungen stutzig geworden; die Gegner der Staatsbahnpolitik haben mit Genugthuung ihre alten Bedenken wieder hervorgesucht und behauptet, sie hätten diese Unzuträglichkeiten stets vorausgesehen und vorausgesagt — leider seien ihre Bedenken ohne Einfluss auf die Regierung und die Parteien geblieben, die im Jahre 1879 in Preussen den Uebergang zum Staatsbahnsysteme unterstützt haben"[1]).

Aehnliche Anfeindungen, denen das Staatsbahnprincip in Oesterreich ausgesetzt war, bildeten den unmittelbaren Anlass zu einem Wechsel in der obersten Leitung der Staatsbahnen. Als sodann der gegenwärtige Finanzminister Dr. v. Bilinski an die Spitze des Staatsbahnwesens gestellt wurde, sah er sich genöthigt den Satz aufzustellen, dass der Einfluss volkswirthschaftlicher Interessen nicht so weit gehen dürfe, dass hiedurch der staatsfinanzielle Beruf der Staatsbahnen geschädigt werde, und in dem Finanzexposé, welches der ehemalige Finanzminister Dr. Steinbach am 5. November 1892 im österreichischen Abgeordnetenhause hielt, apostrophirte derselbe die Abgeordneten in folgender Weise: „Sie haben alle die Einführung des Staatseisenbahnwesens mit Beifall begrüsst, und ich darf sagen, dass ich mich dieser Empfindung jederzeit angeschlossen habe und mich ihr auch heute noch aus vollem Herzen anschliesse. Wenn Sie aber das Staatseisenbahnwesen aufrecht erhalten wollen, müssen Sie trachten, dass Ausgaben und Einnahmen überhaupt im Verhältnisse bleiben. Wenn die Ausgaben fortwährend steigen

---

[1]) Die Erträge der Eisenbahnen und der Staatshaushalt von Dr. Alfred v. d. Leyen, Schmoller's Jahrbuch für Gesetzgebung. Leipzig 1892.

und die Einnahmen zu stark herabgesetzt werden, dann ist gar nichts anderes möglich, als dass das Staatsbahnwesen in seinen Erfolgen in einer bestimmten Reihe von Jahren kompromittirt werden muss. Es giebt keinen anderen Ausweg dafür, und Sie werden, wenn Sie den Weg lange fortsetzen, zu dem Resultate kommen, dass der Moment eintritt, wo die finanziellen Erwägungen den Ausschlag geben, und das Finanzressort — mag es vertreten, wer da will — wieder darauf dringen wird, dass die Eisenbahnen abgestossen werden. Der Staat kann seine Eisenbahnen im Wesentlichen nach dem Principe verwalten, welches man immer das Gebührenprincip genannt hat, aber auf eine, wenn auch verhältnissmässig niedrigere Durchschnittsrentabilität muss der Staat sehen; das ist das Princip, das anzustreben ist, und ich bin vom Finanzstandpunkte unbedingt dazu verpflichtet, darauf zu sehen, und ich glaube damit auch im Interesse des Staatseisenbahnwesens zu handeln. Würde man dies nicht thun, dann wäre das Resultat einfach das, dass die Nichtinteressenten den Ausfall zu bezahlen haben für die Eisenbahninteressenten, und auf die Dauer lassen sich das die Nichteisenbahninteressenten nicht gefallen." Diese Erklärungen des Finanzministers kamen im Budgetausschusse des Abgeordnetenhauses im März 1893 zur Sprache, worüber sich der Referent Abgeordneter Sczepanowski in seinem Berichte in folgender Weise äusserte: „Aus Anlass des Budgets der Staatsbahnen entspann sich eine sehr wichtige Diskussion über die Nothwendigkeit der weiteren Ausbildung unseres Bahnnetzes und überhaupt über die Nothwendigkeit eines weiteren Fortschrittes auf dem Gebiete volkswirthschaftlicher Investitionen. Trotz der Thatsache, dass wir ein Budget mit einem Ueberschusse besitzen, ist jedoch wiederholt die Frage von neuen Einnahmequellen ventilirt worden, um die Mittel zu schaffen, gewisse seit langem als nothwendig anerkannte Auslagen decken zu können, so insbesondere die Regelung der Beamtengehalte als auch die nothwendigen volkswirthschaftlichen Investitionen bestreiten zu können. Keine der bisher lancirten Ideen konnte allgemein Anklang finden und zum

Theile begegneten sie einer Opposition, wie die in Ungarn und in Frankreich bestehende Transportsteuer."

Bei dieser Gelegenheit ist in Oesterreich seit längerer Zeit wieder der Gedanke einer Transportsteuer in den Vordergrund getreten. Dass die Regierung an die Einführung der Transportsteuer ernstlich dachte, geht auch aus der Rede des Abgeordneten und späteren Finanzministers v. Plener hervor, welcher bei der Debatte über das Finanzgesetz 1893 folgendes sagte: „Es ist bekannt, dass die Regierung noch immer den Gedanken an die Transportsteuer hat und gewissermassen das Haus darauf vorbereiten will. Ich will nicht über die Transportsteuer selbst sprechen. Sie liegt formal nicht vor, wir kennen die Art der Formulirung nicht, wie sich die Regierung dieselbe denkt. Ich möchte aber glauben, dass, wenn wir der Mahnung des Herrn Finanzministers folgen und Investitionen nicht in das Ungemessene ausdehnen, wir nicht nothwendig haben, eine so grosse neue Steuer einzuführen."

Während dem im Jahre 1893 gemachten Versuche der Einführung einer Frachtbriefsteuer in Deutschland eine principielle Bedeutung nicht zukam, steht der in Oesterreich gemachte Versuch der Einführung einer Transportsteuer zweifellos in einem gewissen principiellen Zusammenhange mit den Erträgnissen der Staatsbahnen, wenn dies auch von keiner Seite besonders hervorgehoben wurde. Allerdings wird man vielleicht einen inneren Widerspruch darin finden, dass gerade in Oesterreich, welches eben erst im Begriffe steht, vollständig zum Staatsbahnsysteme überzugehen, der Gedanke einer Transportsteuer überhaupt aufgerollt werden konnte.

Ist doch die Finanzwissenschaft der Ausbildung der Transportsteuer nur deshalb nicht näher getreten, weil sie von der Annahme ausgeht, dass die Transportsteuer im Staatsbahnsysteme keinen Raum findet. So gelangt Richard v. Kaufmann[1]) zu dem Ergebnisse, „dass mit der künftigen Verstaatlichung der Eisenbahnen die Transportsteuer von selbst in

[1]) a. a. O. S. 442.

Wegfall kommen dürfte", und auch Schall[1]) meint, dass bei Staatsbahnen eine Transportsteuer einfacher durch Erhöhung der Tarife erfolgen könnte.

Uns will hingegen scheinen, dass die Transportsteuer auch im Rahmen des Staatsbahnsystemes eine Funktion zu erfüllen vermag, welche sie geeignet erscheinen lässt, die angestrebte Unabhängigkeit der allgemeinen Finanzverwaltung von der Eisenbahnverwaltung herzustellen.

Die Lage der Finanzen der europäischen Staaten, ob sie nun heute günstig oder ungünstig durch das Eisenbahnwesen beeinflusst wird, kann auf die Dauer nicht darauf verzichten, die Eisenbahnen zu den allgemeinen Finanzbedürfnissen in systematischer Weise heranzuziehen. Dass die Voraussetzungen hierzu vorhanden sind, zeigt sich ja in glänzender Weise bei den preussischen Staatsbahnen, welche ihre Prosperität der Erkenntnis verdanken, dass der finanzielle Erfolg der Eisenbahnen eines Landes erst in zweiter Linie durch die Tarifpolitik beeinflusst werden kann, hingegen die dem Staatsbahnsysteme eigentümliche Einheitlichkeit der Verwaltung als die erste Voraussetzung für eine naturgemässe Entwicklung des Verkehres anzusehen ist. Die Eisenbahnen können im Staatshaushalte aber nur dann eine unangefochtene Stellung einnehmen, wenn das Interesse des Fiskus in einer von dem schwankenden Erträgnisse der Staatsbahnen weniger abhängigen Weise gewahrt wird. Die Annahme, dass ein solcher Zustand in denjenigen Staaten, welche das Staatsbahnsystem eingeführt haben, durch Tariferhöhungen herbeigeführt werden könnte, beruht jedoch auf Voraussetzungen, welche, wie uns scheint, der Eigenthümlichkeit des Eisenbahnbetriebes nicht Rechnung tragen. Was nützen Tariferhöhungen, wenn die Ausgaben der Eisenbahnverwaltung sich der Einflussnahme der Staatsverwaltung entziehen. Beobachtet man z. B. die Resultate der Schlussrechnungen der ungarischen Staatsbahnen, so gelangt man zu dem Ergebnisse, dass die im

[1]) a. a. O. S. 518.

Budget präliminirten Beträge in keinem einzigen Jahre das Erforderniss deckten. Zieht man z. B. das Schlussrechnungsresultat der Jahre 1890 bis 1894 in Betracht, so sieht man, dass für die Investitionen der Staatsbahnen 26½ Millionen Gulden präliminirt wurden, während die faktischen Ausgaben 60½ Millionen Gulden, also um 34 Millionen Gulden mehr betrugen.

Dieser Entwickelung steht die Finanzverwaltung machtlos gegenüber, ja es wird ihr direkt die Berechtigung abgesprochen, auf die Eisenbahnverwaltung einen weitergehenden Einfluss zu nehmen. Ein Eisenbahnfachmann hat diesen Zustand mit folgenden die Sachlage treffend charakterisirenden Worten gekennzeichnet: „Der heutige Zustand, dass die Finanzverwaltung in alle Einzelheiten des technischen Betriebes hineinredet und über die Ausführung jeder vorgeschlagenen Betriebsverbesserung lediglich nach fiskalischen Gesichtspunkten das entscheidende Wort sprechen darf, ist unhaltbar. Was soll man dazu sagen, dass die Finanzverwaltung sich ein Urtheil darüber zutraut, ob auf bestimmten Strecken zu viel oder zu wenig Schnellzüge fahren, ob sich die Einrichtung von Schlafwagenzügen lohnt, ob Tarife erhöht oder ermässigt werden, ob neues Betriebsmaterial angeschafft werden muss? Das sind alles rein technische Fragen, über die allein die staatlichen Betriebsbehörden zu entscheiden und mit ihrer Verantwortlichkeit einzustehen haben, für deren Beurtheilung der Finanzverwaltung die technischen Kräfte und damit die Fähigkeit und Zuständigkeit fehlt“ [1]).

Diese Erwägungen, denen eine genaue Kenntniss der Bedingungen des Eisenbahnbetriebes nicht abgesprochen werden kann, stellen uns vor ein Problem, welches darin besteht, solche Voraussetzungen zu schaffen, welche dem Fiskus unabhängig von den schwankenden Erträgnissen der Eisenbahnverwaltung eine bestimmte Einnahme aus dem Eisenbahnwesen sichern.

Ein Versuch, diese Frage in grundsätzlicher Weise zu

---

[1]) Kölnische Zeitung 1896, Nr. 197.

lösen, ist bisher nur in Preussen gemacht worden[1]). Als mit der Vorlage des Gesetzentwurfes vom 29. Oktober 1879 der Uebergang von dem gemischten zum reinen Staatsbahnsystem verkündet wurde, erachtete es die ad hoc eingesetzte Kommission für eine Pflicht des Abgeordnetenhauses, „zur möglichsten Sicherung der finanziellen Interessen des Staates gewisse Grundsätze aufzustellen, deren gesetzliche Giltigkeit eine glückliche Lösung der Eisenbahnpolitik des Staates fördern und das Mass der daraus drohenden Gefahren abzuschwächen geeignet sei. Diese Grundsätze sollten sich nach zwei Richtungen erstrecken:

1. Schutz des Staatshaushaltes gegen die störenden Wirkungen wechselnder Ueberschüsse der Staatsbahnen.

2. Tilgung des in den Eisenbahnen angelegten Kapitales.

Zur thunlichsten Verminderung der Schwankungen empfahl die Kommission, aus den Ueberschüssen der Staatseisenbahnverwaltung einen Reservefonds anzusammeln, der die Uebertragung des Effektes günstigerer Jahre auf ungünstige gestatte. Die Wichtigkeit der Tilgung der Eisenbahnschuld begründete die Kommission namentlich durch den Hinweis darauf, dass in den wichtigsten kontinentalen Ländern Europas der unentgeltliche Heimfall der Privatbahnen an den Staat nach einer gewissen Reihe von Jahren vorgesehen sei. Sobald dieser Zeitpunkt, insbesondere in Frankreich, Oesterreich und Russland eingetreten sei, würden diese Staaten in der Lage sein, bei Festsetzung der Eisenbahntarife die Zinsen für den grössten Theil des Anlagekapitales unberücksichtigt zu lassen, also wesentlich billiger zu fahren, eine Erwägung, die angesichts der Entwickelung des Staatsbahnprincipes heute allerdings nicht mehr als zutreffend angesehen werden kann.

Die von der Kommission gestellten Anträge gipfelten darin,

---

[1]) Präjudiciell bemerkenswerth ist übrigens auch das österr. Gesetz vom 19. März 1887, R.G.Bl. 33, wonach die Staatsbahnen auch bezüglich der directen Staatssteuern als steuerpflichtige Unternehmungen angesehen werden und diese Steuern direct an das Finanzministerium abzuführen haben.

dass die Jahresüberschüsse der Staatseisenbahnverwaltung zur Verzinsung der jeweiligen Staatseisenbahnkapitalsschuld ferner bis zur Höhe von 2,2 Millionen Mark zur Ausgleichung eines eventuellen Deficites im Staatshaushalte und endlich zur Bildung eines Reservefonds dienen sollen. Der letztere hätte ausschliesslich zur eventuellen Ergänzung der die Verzinsung der Staatseisenbahnkapitalsschuld erforderlichen Jahresüberschüsse zu dienen. Der 1 Procent der jeweiligen Staatseisenbahnkapitalsschuld übersteigende Betrag des Reservefonds wäre alljährlich bis zur Höhe von 1/2 Procent zur Amortisation der Staatsbahnschuld zu verwenden.

Als diese grundsätzlichen Beschlüsse der Kommission im Landtage zur Verhandlung gelangten, sprach sich Abgeordneter Richter gegen jede finanzielle Garantie aus, weil der Staatshaushalt ein einheitliches Ganzes bilde, während Abgeordneter Miquel, der gegenwärtige Finanzminister, für dieselbe eintrat, weil durch diese Garantien die gesetzliche Grundlage für eine solide Verwaltung des Staatseisenbahnwesens gefunden sei. Am 15. December 1880 legte die Regierung einen diesbezüglichen Gesetzentwurf vor. Bei der Berathung im Plenum hatten sich plötzlich schwere Bedenken gegen den Reservefonds erhoben. Man hielt es für unzulässig, Reserven anzulegen, wenn der Staat im übrigen ein Deficit habe. Auch die Erhöhung der Selbständigkeit der Eisenbahnverwaltung wurde als bedenklich bezeichnet. Dagegen wurde die Tilgungsquote von 1/2 auf 3/4 Procent jährlich erhöht. Am 26. Januar 1882 legte die Regierung den Entwurf unverändert wieder vor. Wie aus dem Kommissionsberichte hervorgeht, wurde von mehreren Seiten eindringlich davor gewarnt, die Ueberschüsse der Eisenbahnverwaltung als eine regelmässige Quelle für den Staatshaushalt zu betrachten, und die Gefahren einer solchen Praxis für die Finanzwirthschaft auseinandergesetzt. Das beste Mittel hiergegen sei eine vollständige auch formelle Ausscheidung des Eisenbahnetats aus dem allgemeinen Staatshaushaltsetat. Man müsse die Eisenbahnverwaltung auf eigene Füsse stellen. Die Bildung von Reserven wurde abgelehnt und durch Gesetz vom 27. März 1882 die Verwendung der Jahresüberschüsse der Staatsbahnen derart geregelt, dass die nach Vornahme der planmässigen Amortisation erübrigten Ueberschüsse zur Deckung der Staatsausgaben verwendet werden.

Ueber die Folgen des Gesetzes vom Jahre 1882 hat sich v. d. Leyen mit dem ihn auszeichnenden klaren fachmännischen Urtheile in folgender Weise ausgesprochen: „Es ist in der That das eingetreten, was bei den Verhandlungen der Jahre 1879—1882 von einzelnen Abgeordneten vorausgesagt wurde: Die hohen Ueberschüsse der Eisenbahnen haben die Regierung und die Volksvertretung zur Vermehrung von Ausgaben, zum Verzicht auf die Staatseinnahmen verleitet, an die man ohne diese Ueberschüsse schwerlich gedacht hätte. Hierher gehören die Steuererlässe, sowie die Erhöhung der Beamtengehalte. Man kann heute wohl sagen, dass, wenn der Gedanke der Trennung des Eisenbahnetats von dem Gesammtetat, die Anlage eines kräftigen Reservefonds zur Durchführung gekommen wäre, der Finanzminister die Mittel in anderer Weise als durch Beschlagnahme der Eisenbahneinkünfte beschafft hätte“[1]).

Es ist jedoch die Frage, ob diese neuerlich angeregte Bildung von Reservefonds wirklich als das einzige Mittel anzusehen ist, die Schwankungen der Eisenbahnerträgnisse auszugleichen und den Staatshaushalt möglichst unabhängig von diesen Schwankungen zu gestalten. Wir können wenigstens diese Ansicht nicht theilen und sind vielmehr der Ueberzeugung, dass die den Reserven zugedachte Funktion in zweckmässigerer Weise durch die Einführung der Transportsteuer erfüllt werden könnte, welche einerseits der Staatseisenbahnverwaltung diejenige Beweglichkeit sichert, die sie zu ihrer Entwicklung braucht, andererseits berechtigte fiskalische Ansprüche zu befriedigen geeignet ist.

Gegen die Absicht, den Interessenkonflikt zwischen Fiskus und Staatseisenbahnverwaltung im Wege der Bildung von Re-

---

[1]) Siehe S. 99.

serven zu lösen, sprechen vor allem principielle Bedenken. Abgesehen davon, dass die Bildung von Reserven überhaupt Ueberschüsse voraussetzt, die nicht in allen Staaten wirklich vorhanden sind, würde die Anerkennung dieses Principes dahin führen, dass auch für die Steuereingänge und sonstige Staatseinkünfte Reserven gebildet werden müssten, in welchem Falle die Einheitlichkeit des Staatshaushaltes gestört würde.

Eine allgemeine grundsätzliche Lösung dieser Frage würde hingegen die Transportsteuer gestatten. Diese bildet, wie früher ausgeführt wurde, ihrem ganzen Wesen nach, indem sie an den Beförderungspreis sich anschliesst, eigentlich einen Theil des Tarifes, welchen der Staat entweder in Wahrnehmung eines berechtigten fiskalischen Interesses oder aus Verwaltungsrücksichten für sich in Anspruch nehmen würde.

In letzterem Falle wäre die Transportsteuer als eine Verwaltungsgebühr anzusehen, als ein Mittel zur Bedeckung des Ausfalles, welchen die Eisenbahnen der Staatskasse bereiten, eine Voraussetzung, unter welcher selbst Schäffle[1]) die Einführung der Transportsteuer billigt.

Dass die Finanzwissenschaft früher oder später diesen Weg als den richtigen anerkennen wird, ist uns umso weniger zweifelhaft, als die Staatsbahnen sonst weder ihren staatsfinanziellen noch ihren volkswirthschaftlichen Beruf auf die Dauer zu erfüllen im Stande wären. Denn die durch die bisherige Auffassung bedingte privatwirthschaftliche Tarifpolitik der Staatsbahnen greift so sehr und zum Theil in so unberechtigter Weise in die Produktionsverhältnisse sowie in die Preisbildung ein, dass es nicht gerechtfertigt erscheint, das fiskalische Interesse in dem Masse auf den Ertrag der Staatsbahnen hinzuweisen, als dies bisher der Fall ist. Auch diese Erwägung sichert der Transportsteuer ihre Stellung im Systeme einer zielbewussten Eisenbahnpolitik.

---

[1]) a. a. O. S. 395.

GPSR Compliance

The European Union's (EU) General Product Safety Regulation (GPSR) is a set of rules that requires consumer products to be safe and our obligations to ensure this.

If you have any concerns about our products, you can contact us on ProductSafety@springernature.com

In case Publisher is established outside the EU, the EU authorized representative is:

Springer Nature Customer Service Center GmbH
Europaplatz 3
69115 Heidelberg, Germany

Batch number: 10844623

Printed by Printforce, the Netherlands